Kronos' Welt

Gerhard Burda

KRONOS' WELT

Depression und die Versöhnung von Trauer und Melancholie

PETER LANG
Frankfurt am Main · Berlin · Bern · Bruxelles · New York · Oxford · Wien

Bibliografische Information Der Deutschen Bibliothek
Die Deutsche Bibliothek verzeichnet diese Publikation in der Deutschen Nationalbibliografie; detaillierte bibliografische Daten sind im Internet über <http://dnb.ddb.de> abrufbar.

Gedruckt auf alterungsbeständigem,
säurefreiem Papier.

ISBN 3-631-54051-5

Printed in Germany 1 2 4 5 6 7

www.peterlang.de

**Für Maria Anna, Josef,
Matteo und John Francis**

Caput corvi artis est origo.

Das Rabenhaupt ist der Anfang der Kunst.

Nigredo
Theatrum Chemicum, 1613

Vorwort

Diese Veröffentlichung ist aus einer Lehrveranstaltung zum Thema *Depression* hervorgegangen, die ich im Frühjahr 2002 für angehende PsychotherapeutInnen der *Österreichischen Gesellschaft für Analytische Psychologie* (ÖGAP) gehalten habe. *Analytische Psychologie* ist die Bezeichnung für eine effektive psychotherapeutische Methode, die auf den Schweizer Psychiater Carl Gustav JUNG zurückgeht. Das dahinter stehende Gedankengut ist – wie jedes andere wissenschaftliche Dispositiv, hinter dem die Lebensgeschichte eines forschenden Geistes steht – natürlich inkonsistent und auch widersprüchlich (und erweist gerade dadurch sein *kronidisches* Erbe). Das ist jedoch nicht unbedingt ein Mangel, sondern bestätigt eher, dass dieses Gedankengut als Hypothese anzusehen ist, die sich in der Praxis bewähren und kritisch weitergedacht werden will.

JUNG nahm es namentlich den Philosophen übel, dass sie *von all dem reden, was keiner Erfahrung zugänglich war und überall da schwiegen, wo man auf eine Erfahrung hätte antworten sollen* (JAFFÉ 1982, 111). Sein eigenes Schaffen hat jedoch genau diesen Satz relativiert und bestätigt indirekt das oben genannte Unternehmen: JUNG war nie der bloße Empiriker, der zu sein er beanspruchte, seine Theorie ist vielmehr spekulativ, sie strebt unaufhaltsam einem mit Fallstricken jeglicher Art ausgelegten metaphysischen Horizont zu und provoziert paradoxe Antworten auf die Frage nach dem Wesen des Menschen.

Ich möchte mich nun in *Kronos' Welt* auf diese Spur begeben und dabei davon ausgehen, dass die psychoanalytische/psychotherapeutische Praxis zutiefst ethisch ausgerichtet ist. Deswegen stelle ich hier auch weder die Frage nach dem zweifelhaften *ontologischen* Status der so genannten *Archetypen* noch nach anderen, vielleicht unreflektierten Vorannahmen (Phallozentrismus, Präfaschismus u.a.) in JUNGS Werk, sondern betrachte *Archetypen*, wie bereits in einer früheren Arbeit (BURDA 1998) dargelegt ist, als *ethische Potenziale*: Der Archetyp ist nicht bloß eine *anthropologische Konstante*, sondern ein Arch*eth*yp, wie wir im Zusammenhang mit unserem Thema, der Depression, sehen werden. Die Ergebnisse psychoanalytischer Depressionsforschung steuern deshalb auch wichtige Erkenntnisse für die Ethik und die Kulturwissenschaften bei.

Was nun die Philosophie betrifft, so habe ich die Bezugnahme auf komplexe philosophische Theoreme streckenweise einfacher gehalten, als ihre Komplexität erfordern würde, und mich eher auf das therapeutische Ziel konzentriert. Außerdem wurden in die Veröffentlichung nun doch keine Fallbeispiele aufgenommen, da das Bildmaterial meiner KlientInnen, denen ich an dieser Stelle für ihr Vertrauen herzlich danken möchte, den Rahmen dieser Veröffentlichung gesprengt hätte. Ein besonderer Dank gebührt auch meiner Kollegin Frau Mag. Elisabeth BAYREDER für die sorgfältige Korrekturarbeit.

Wien, im März 2005

Inhalt

Einleitung

Es ist nicht einfach, die *Dame in Schwarz* – wie der Schweizer Psychiater und Gründungsvater der *Analytischen Psychologie* Carl Gustav JUNG die Depression nannte – *zu Tisch zu bitten* und ihr zuzuhören. Erstens kommt sie ohnehin ungeladen und zweitens möchten alle von ihr Heimgesuchten die damit verbundenen, meist ohnmächtig erlebten Qualen und Ängste *nichts als loswerden.* Viele schaffen dies auch nur über den Notausgang, durch den es kein Zurück mehr gibt. Es ist auch nicht einfach, angemessene Fragen zu finden, um sich bei ihr einzuladen, da ihr Phänomenbereich äußerst vielschichtig ist. Sie, die imstande ist, uns alles zu entziehen, entzieht sich selbst auf mysteriöse Weise, und die ihr nachstellenden Wissenschaften müssten eigentlich fairerweise zugeben, nicht mehr eindeutig unterscheiden zu können, was *Ursache* und was *Symptom* ist, anstatt sich selbst in verabsolutierten Reduktionismen und Spaltungen zu erschöpfen. Ob dies vielleicht bereits ein erster Hinweis auf den dunklen Kern im Inneren der einzelnen Wissenschaften ist, der sie allesamt als Träger eines kulturellen Erbes ausweist, das in Europa durch eine mehr als zweitausendjährige Geschichte metaphysischen Denkens geprägt ist, welches auch die Art und Weise, wie Betroffene ihre Krankheit erleben und verarbeiten, bestimmt? Denn, so unterschiedlich die einzelnen depressiven Verlaufstypen auch sein mögen: Depression und ihre Vorläuferin, die Melancholie, sind metaphysisch vorbelastet. Es geht immer irgendwie ums *Ganze.* Umschreibungen wie *individuell-atheistische Krise*, *Spur einer Götterdämmerung* oder *Verlust des Genius* weisen in diese Richtung, die erahnen lässt, dass alle Metaphysik ihrerseits bereits aus einem melancholischen Hintergrund stammt, der unsere Kultur insgesamt, alle Technik, Sprache, Wissenschaft und Denkweisen, durchstimmt.

Sigmund FREUD thematisierte in seinem berühmten Aufsatz *Trauer und Melancholie* aus dem Jahr 1916 Verlust und Trauer im Zusammenhang mit der Oralität und unterschied die pathologische *Melancholie* von der normalen *Trauer* dadurch, dass letztere ein erfolgreiches Akzeptieren eines Verlustes bezeugt, erstere hingegen ein Insistieren auf der narzisstischen Identifikation mit einem verlorenen Objekt. Doch was genau wurde verloren/gegessen und muss, so die gängigen Therapieempfehlungen, unbedingt aufgegeben werden? Genauere Untersuchungen drängen viele Fragen auf: Wie kann man überhaupt etwas verlieren, das es als solches nie gegeben hat? ... Versöhnt die durch *Trauerarbeit*, *Sublimation* und *Rekonstruktion der inneren Welt* zum Realismus bekehrte Depression tatsächlich unseren Narzissmus mit nihilistischen Ängsten? ... *Was* soll rekonstruiert werden? ... Ist die *Möglichkeit eines guten Weiterlebens unter enttäuschten Bedingungen* tatsächlich unser letzter Horizont? ... Oder erinnert uns gerade die gefürchtete Melancholie zu Recht an einen durch Trauerarbeit unauflösbaren, vielleicht *heiligen Rest*? ... Und was, wenn der Genius nicht nur verloren, sondern *selbst dunkel* sein kann, wie uns JUNG nahe legt, für den persönliches Leiden immer eine kollektive und letztlich *religiöse* Komponente beinhaltet?

Nähern wir uns diesen Fragen behutsam über Paradoxa, die uns die *Dame in Schwarz* in den Aussagen von direkt und indirekt Betroffenen zuraunt: dass zum Erleben von Ganzheit auch ein Maß Hinfälligkeit gehört, dass also Unvollkommenheit gewissermaßen vollständiger ist als Vollkommenheit ..., dass dieser *Zerrspiegel der Liebe* all unser Empfinden von Liebe und Bezogenheit bedroht und zugleich nur derart verwundbare Wesen liebes- und beziehungsfähig sein können ..., dass kein wie immer geartetes persönliches Versagen die Qualen einer schweren Depression rechtfertigt und dennoch niemand außer uns selbst versagen kann ..., dass das *Selbst* ebenso *der oder die anderen wie das Ich* ist.

Die *Dame in Schwarz*, auch *Malinconia* oder *Merenolye* genannt, galt seit dem Spätmittelalter als Tochter des SATURN, wie die Römer den griechischen Titanen KRONOS nannten, dessen Mythos wir schon seit Jahrtausenden träumen. Er – so meine These – ist nach wie vor der Herr des *Goldenen Zeitalters* und damit die unbewusste kollektive Dominante auch unserer heutigen Kultur. Der gern zitierte Spruch von der *vaterlosen Gesellschaft* oder vom Rückgang der symbolischen Gewalt des Vaters kann nicht annähernd über die Gewalt der in ihm verleugneten Antinomien und unsere Beteiligung an einem von Destruktion beherrschten Drama namens Leben hinwegtäuschen, vor dem wir nur allzu gern die Augen verschließen. KRONOS ist das Paradigma dieses Dramas, das Paradigma der *Verlassenheit*. Er wurde von alters her mit der Depression in Verbindung gebracht, sein Mythos kennt keinen heilen Anfang und auch kein heiles Ende. Der phantasmatische Anfang, seine *Urszene*, ist chaotisch und uroborisch, es gibt keinen Gott, der *ex nihilo* schafft oder einen geordneten Kosmos ins Leben ruft, es gibt auch keine wechselseitige Abhängigkeit von Schöpfer und Geschöpf, geschweige denn eine ethische Bindung. Dass sich KRONOS dagegen auflehnt, Himmel und Erde voneinander trennt und sich zum Herrn des *Goldenen Zeitalters* aufschwingt, könnte man geradezu als Kompensation dieses dunklen Anfangs interpretieren, den er allerdings fortsetzt, da er selbst auch seine Kinder verschlingt, um schließlich seinerseits gestürzt zu werden. Wobei er allerdings, wie die Mythen berichten, am Grunde des Meeres oder in einer Höhle schlafend die Welt weiterträumt. Wir werden uns deshalb seine dramatische *Urszene*, seine Rolle als *Herr des Maßes* und als *anax*, d.h. als *Inhaber höchster*

Macht, genauer ansehen, ebenso seine Nähe zum Kulturbringer PROMETHEUS und zu den Heilern CHIRON bzw. ASKLEPIOS. Auf unserem Weg werden wir wichtige Erkenntnisse für den therapeutischen Umgang mit der Depression gewinnen, und vielleicht wird dieser Weg auch dazu beitragen, zu erkennen, wie sehr unsere Kultur insgesamt nicht nur von einem abgewerteten Mutterbild, sondern auch von einem zutiefst gespaltenen *Vater*bild heimgesucht wird, dessen Gegensätze wir als Einheit wahrzunehmen aufgefordert sind. Vielleicht müssen wir dann den *Schatten des Vaters* nicht mehr erleiden oder unbewusst agieren, wenn wir realisieren können, dass seine *Schwarze Galle* in uns allen fließt, das heißt, wenn es uns gelingt, die *participation mystique* als *participation éthique* wahr- und anzunehmen. Dazu müssen wir den *Stein*, den KRONOS verschlungen hat, in seinem Symbolgehalt verstehen. Den Stein, der weit davon entfernt ist, *weltlos* (HEIDEGGER) oder ein *Objekt* (FREUD) zu sein, sondern vielmehr jenes *Ding* (LACAN) ist, das die Alterität des anderen bezeugt und als *lebender Stein* (JUNG) eine ganze (Seelen-)*Welt* offenbart. In diesem Sinn könnte KRONOS das Paradigma einer Ethik der Versöhnung von Depression, Trauer und Melancholie abgeben.

1. Herabgestimmt: der bleierne Himmel

Depression ist heute ein allgegenwärtiges Modewort. Der Begriff leitet sich vom lateinischen Wort für *niederdrücken* ab und ist mit einer reichen Vorgeschichte gesättigt. Die *tristitia aggravans*, heißt es etwa bei Johannes von DAMASKUS, *deprimit animum hominis*. Die Wiege unseres modernen Depressionsbegriffes steht im antiken Griechenland, seine Ahnen sind die *Melancholie* und die mittelalterliche *Acedia* (z.B. bei Thomas von AQUIN), die wir gleich untersuchen werden. Beide wissen von einer charakteristischen Niedergeschlagenheit zu berichten, aber auch von einem Verhältnis zum Göttlichen. Beide bekunden eine Art Gespaltenheit und Selbstentzweiung, die Michael THEUNISSEN als erste Anzeichen des mit der Neuzeit voll einsetzenden Emanzipationsstrebens des Menschen interpretiert. Diese Tendenz zur Selbstentzweiung, die antike Autoren bereits in der Materie selbst lokalisierten (die *Schwarze Galle* ist einmal heiß, dann wieder kalt), lässt JUNG einerseits von *Dissoziation* sprechen, um die Gefahr pathologischer Entwicklungen zu charakterisieren, und andererseits die Notwendigkeit einer individuell und in Dialog mit dem Unbewussten zu leistenden *coniunctio* der Gegensätze unterstreichen.

Das Wort *herabgestimmt* impliziert ein Instrument mit Saiten, deren Stimmung verloren gegangen ist; das Instrument klingt *anders*, die Saiten sind loser, *verstimmt*, tiefere Frequenzen werden nun hörbar. Man kann diese Herabgestimmtheit mit dem von JUNG besprochenen *Energieverlust* in Verbindung bringen. In den *Erinnerungen* (JAFFÉ 1982, 352 f) wird empfohlen, die *energetische Betrachtungsweise* auch auf die Psychologie anzuwenden. Der potenziell Depressive sei *übermäßig extravertiert* und auf ein äußeres Objekt fixiert und davon abhängig; verliert er dieses, verliert er zugleich sich selbst, d.h. er verliert seine Lebensenergie. Die Libido fließt nach innen ins Unbewusste, was einerseits Chance, andererseits Gefahr bedeutet, wenn die Libido im Unbewussten gebunden bleibt, wenn das Inzesttabu die Regression nicht eindämmt und über die vom Unbewussten produzierten Mutteranalogien nicht wieder eine Wandlung zum Progressiven ermöglicht werden kann und der Komplex sich wie ein Diktator verhält, der alle Energie und Assoziationen an sich zieht. Depression ist ein *unbewusstes Kompensationsphänomen* (JUNG 1987, 261), dessen Inhalte – um volle Wirksamkeit zu erreichen – bewusst gemacht werden müssen. Dadurch, dass man der depressiven Tendenz folgend bewusst regrediert und die belebten Reminiszenzen dem Bewusstsein integriert. Dies entspricht der Zweckabsicht der Depression. An anderer Stelle schreibt er: *Was aber der Natur den Glanz raubt und dem Leben die Freude, das ist das Zurückschauen auf ein einstmaliges Außen, statt eines Hereinblickens in das Innen des depressiven Zustandes. Das Zurückschauen führt zur Regression und bildet den Anfang derselben. Die Regression ist insofern auch eine willkürliche Introversion, als Vergangenheit eine Remineszenz und damit ein psychischer Inhalt ... ist ... ein Abgleiten in die Vergangenheit, verursacht durch eine Depression in der Gegenwart* (JUNG 1991, § 625). Die Initiative geht vom Unbewussten aus – mit dem Ziel, die Bewusstseinsschwelle zu senken, um Kontakt zu den im Unbewussten beheimateten kollektiven Bildpotenzen herzustellen, die einseitig gewordene Einstellungen kompensieren können. Im Idealfall kommt es – unter der Voraussetzung, dass das Ich stark genug ist, seine Relativierung und Veränderung durch unbewusste Inhalte durchzustehen – zur *coniunctio* von Bewusstsein und Unbewusstem (*Symbolbildung, Transzendente Funktion*). *Spiritus rector* ist eigentlich das *Selbst,* das bei Depressiven *ein Schattendasein* führt: *Das Ich hat eine negative Beziehung zum Selbst, das abgeblockt und abgewertet nicht wirksam werden kann im Rahmen von Selbstwert vermittelnden Impulsen. Dies beruht auf Negativ-Assoziationen im Unbewussten, die den Selbstwertkomplex negativ überlagern. Die positiven Energien sind im Komplex gebunden, und liegen brach wie ein Schatz auf dem Meeresgrund* (KLEESPIES 2001, 56). Die gestörte Ich-Selbst-Achse – hier: einerseits ein verdunkeltes Ich, andererseits ein beschattetes Selbst – kommt darin zum Ausdruck, dass kreative Impulse nicht zum Durchbruch kommen und man vom Leben abgeschnitten ist, die Libido staut sich auf. Merken wir hier noch an, dass JUNG v.a. in seinem Spätwerk die *Fortsetzung des Doppelaspektes des Göttlichen im Menschen* betont. Es sind besonders die Depressiven, die an diesem Drama zu leiden haben, vor allem dann, wenn kollektive Sinn- und Deutungsangebote nicht mehr greifen und tragen und Individuation unausweichlich wird. Das Selbst wird dann ebenso eine Herausforderung für das Ich wie dieses Ich für das Selbst.

Niedergeschlagenheit oder Herabgestimmtheit ist nun etwas, das jeder Mensch irgendwie kennt, so etwa bei Müdigkeit und vor allem in der Trauer und bei Traurigkeit. Trauern kommt von althochdeutsch *truren*, den Kopf sinken lassen, die Augen niederschlagen. Selbst manche Tiere (Graugänse etwa) scheinen zu trauern, verlieren nach dem Verlust ihres Partners ihren sozialen Rang, zeigen aufgeregtes und verzweifeltes Verhalten und schließen sich unter Umständen wieder ihren Eltern an. Angesichts der Trauer stehen wir vor dem Problem der Abgrenzung von normaler und pathologischer Trauer, wenn der Affekt vom verursachenden Umstand unabhängig wird und sich über alle Lebensbereiche legt. Auch in der Trauer gibt es eine Hemmung (sinnvoll als Schutz und Erholung), in der Depression wird sie destruktiv, bietet keinen Schutz mehr, sondern setzt die Selbstachtung herab und lähmt. JUNG wird das Sätzchen zugeschrieben, dass der Traurigkeit ein *Gefühl von Verlust* und der Depression ein *Verlust von Gefühl* eignet – was man vielleicht noch dahin gehend ergänzen muss, dass Depression auch heißen kann, unaushaltbaren Gefühlen und Affekten ausgesetzt zu sein. Trauer, so wird gesagt, tangiere nicht das Selbstwertgefühl und reagiere auf soziale Kontakte, wohingegen bei der schweren Depression Verlust und Trauer über das vermeintlich Gewöhnliche hinausreichen. Die Herabsetzung des Selbstwertes und der Verlust der narzisstischen Integrität bilden dabei geradezu den *psychodynamischen Kern* (MENTZOS 1995) der depressiven Trauer. Im DSM IV wird alles, was zwei Monate überschreitet, nicht mehr der Trauer zugerechnet[1]. Trauer verläuft in typischen Phasen: vom Nicht-wahrhaben-Wollen über ein Aufbrechen von Gefühlen bis zur Anpassung an die neue Situation. Ziel der *Trauerarbeit* sei der Anpassungsversuch an die Realität und die Neustrukturierung des zuvor entstrukturierten Ichs. Der Trauernde muss *die libidinöse Bindung lösen, die an tausenden Erinnerungen haftet* (FENICHEL 1992, 129), und erleichtert es sich mittels der gleichen unbewussten Mechanismen der Regression von der Objektliebe zur Identifikation (Einverleibung) wie der Melancholiker, wobei allein die Quantität der Libido entscheidet, ob es pathologisch wird oder nicht. Wir werden später in der Diskussion psychoanalytischer Theorien erarbeiten, dass dieser Begriff der *Trauerarbeit* auf ein reduktives Verständnis des

1 Hier tut sich also einerseits das Problem der *objektiven Messbarkeit* auf, andererseits aber auch dasjenige der *subjektiven Einschätzung*, denn: Milder erkrankte Depressive schätzen sich im Vergleich zu endogen Depressiven schlechter ein, da die Fähigkeit zu realistischer Selbsteinschätzung und Selbstbeobachtung sehr wohl getrübt ist und nur die am stärksten erlebten Symptome besorgte Beachtung finden. Es ist m. A. n. deshalb auch bedenklich, das rein subjektive Empfinden *krank zu sein* als alleiniges Kriterium für eine tatsächliche Erkrankung etablieren zu wollen (vgl. etwa ZEHENTBAUER 2001). Krankheitseinsicht ist etwas anderes als das Gefühl, krank zu sein – wobei letzteres bei der in bipolaren Verläufen auftretenden *Manie* wohl ohnehin kaum gegeben ist, wie alle schon erfahren haben, die mit manischen Personen zu tun gehabt haben. Trotz der Möglichkeit subjektiver Verzerrungen scheint in der Depressionsforschung allgemein der *depressive Realismus* breite Zustimmung zu finden: Menschen, die sich selbst, ihre Handlungen und das Weltgeschehen eher depressiv einschätzen, ohne dabei an einer schweren Depression zu leiden, verfügen angeblich über ein *höheres Maß an Realitätsgenauigkeit* als andere. Ist der Depressive also der einzig wahre Realist? Unterstreichen wir hier, dass der *depressive Realismus* durchwegs als erstrebenswerte Haltung angesichts der Härten unserer Wirklichkeit angesehen wird, da man darin eine vernünftige Antwort auf die Frage wittert, worauf man besser nicht hoffen sollte. Vielleicht gilt aber genau das Gegenteil und das uns in der Depression Begegnende legt die Frage nahe, worauf man nie zu hoffen aufhören sollte, da der Depression auch eine (unbewusste) Hoffnung inhärent ist, die alle unsere Vorstellungshorizonte übersteigt und sich gegen jede leichtfertig angenommene Realität auflehnt.

anderen als Objekt und auf eine prinzipielle *Austauschbarkeit* von solchen Objekten zurückgeht.

Doch kehren wir wieder zurück zur Depression! Ähnlich wie ihre geschichtlichen Vorläufer wird auch sie heute in klinischen Lehrbüchern als *Herabgestimmtheit* (etwa VOLK u.a. 1999) beschrieben, ein Zustand, der emotionale[2], kognitive und somatische Veränderungen umfasst: Eine allgemeine Schwere im subjektiven Erleben, Schlaf- und Essstörungen, Interessensverlust, Entscheidungsunfähigkeit, ein verändertes Zeit- und Raumerleben, Apathie, Ekel, Temperaturmissempfindungen, Erstarrung im Gefühlsleben, Traurigkeit, Angst, Panik, Hoffnungs- und Freudlosigkeit prägen das Erscheinungsbild. Das Gefühlsleben ist erstarrt, es herrschen Traurigkeit, panische Angst, Gefühllosigkeit, Schmerz, Hoffnungslosigkeit, Freudlosigkeit, Ohnmacht, Verzweiflung, Lebensüberdruss – alles Ausdruck des eingetretenen oder drohenden intrapsychischen Stillstands. Das Denken kreist um charakteristische Themen wie Schuld, Verarmung, Verlust, Untergang, Versündigung, Krankheit, Wertlosigkeit, Suizid – Themen, die allgemein menschlich erscheinen, aber in ihrer psychotischen Ausprägung nicht mehr nachvollziehbar sind, überzogen und unbeeinflussbar werden und genuiner Ausdruck *melancholischer Angst* sind, die in ihrem psychotischen Kern *Angst vor Verlust der Selbstkonstitution* ist. Postremissiv, wie es so schön heißt, wird die Persönlichkeit, die freilich schon entsprechend vorgeprägt sein musste, verändert: Ehemals lebensfrohe Menschen können einer unheimlich wirkenden Negativität und Introversion verfallen. Die Chronifizierungsrate liegt bei 25%, es besteht eine häufige Komorbidität mit Panikstörungen, zwanghaften Symptomen und Substanzmissbrauch, die Selbstmordrate ist sehr hoch. Herabgestimmtheit und Niedergeschlagenheit, Hemmung, Schwere und Verlang-

---

2 Der depressive Affekt selbst kann über alle Formen der Neurosen und Psychosen verbreitet sein (ABRAHAM bereits 1917) und man nimmt eine enge Verbindung zur narzisstischen Problematik an (KOHUT): Depression kann die Reaktion darauf sein, einem illusionären Idealzustand entrückt zu sein, dessen Medium häufig, aber nicht immer die Beziehung zu einem anderen Menschen war. Auch MENTZOS (1995) beschreibt als psychodynamischen Kern einen gestörten *Selbstwert*, der nicht bloß durch eine orale Fixierung und durch Frustration von Zuwendungs- und Liebesbedürfnissen zustande kommt, sondern auch durch problematische anale (den Wunsch, gut, sauber und nicht aggressiv zu sein) oder phallische Bedürfnisse (den Wunsch, stark, groß, sicher zu sein) verursacht sein kann. Von Narziss hieß es im Mythos, er werde alt werden, wenn er sich selbst nicht erkennen werde. Tatsächlich scheint es einen engen Zusammenhang zwischen Erkenntnis und Depression zu geben – erinnern wir uns an das biblische Verbot, vom Baum der Erkenntnis zu essen, jenen Sündenfall, durch den nach HILDEGARD von BINGEN der *humor melancholicus* in die Welt kommt. Auch LUTHER macht die Verführungskunst des Satans als *spiritus tristitiae* für diesen Sündenfall verantwortlich.

samung sind in transkulturellen Studien der WHO belegt. Seitens der Ethnopsychiatrie weist man auf den Unterschied hin, dass sich in Kulturen außerhalb des judäo-christlichen Kulturkreises angeblich vorwiegend Störungen des leiblichen Empfindens und weniger solche des psychischen Überbaus (Selbstvorwürfe, Schuld etc.) nachweisen lassen.Wir verwenden heute eine Fülle von Bezeichnungen wie *reaktive, endogene* (im ICD: *depressive Episode*, im DSM: *major depression*), *rezidivierende, monopolare, larvierte, neurotische, psychotische, atypische, saisonale Depression, major und minor depression, recurrent brief depression, double depression, Erschöpfungsdepression, agitiertes Zustandsbild, Dysthymie, Es-, Ich-, Über-Ich-Depression, Involutionsdepression, leere Depression* usw. In diesem klinisch-babylonischen Sprachgewirr gibt es freilich keine nach einheitlichen Kriterien durchgeführte Klassifizierung. Deskriptive, psychodynamische und genetische Gesichtspunkte werden miteinander vermischt (MENTZOS 1995, 182), ebenso kausale (*warum*) und finale (*wozu*) Denkweisen[3].

Wie seit eh und je rätselt man auch heute, ob das depressive Erleben ein *somatopsychisches* Phänomen (die Inhalte sind sekundär) oder ein *psychosomatisches* Phänomen (konflikthafte Inhalte sind primär) ist (ebd.14). Der Versuch, das depressive Geschehen somatisch zu erklären, geht bereits auf die antike *Viersäftelehre* zurück, auf das Übermaß der *Schwarzen Galle* (*mélaina cholé*) im Verhältnis zu Blut, Phlegma und gelber Galle (POLYBOS, im *Corpus Hippocraticum*, 400 v. Chr.). Von dieser *Schwarzen Galle* hat die Melancholie auch ihren Namen, der heute dem Wandel der Psychiatrie zu einer primär medizinischen Wissenschaft zum Opfer gefallen ist. Im engeren Sinne wird er noch synonym mit der *endogenen Depression* verwendet[4].

Es lohnt sich, den Blick in die Geschichte weiter zu vertiefen, vor allem auch, was die Bewertungen der Melancholie betrifft. Diese schwanken zwischen Dämonisierung und Idealisierung: Melancholie wird als Irrsinn, als Abfall vom

---

3 In einer groben ätiologischen Unterteilung unterscheidet man: erstens die *psychotische* (starke Regression, unreifere Abwehr, Mobilisierung eines archaischen Über-Ich, psychosomatische circuli vitiosi), zweitens die *neurotische* (reifere Abwehr, mildere Regression, Beeinflussbarkeit durch Anteilnahme) und drittens die *reaktive Depression* (psychische Blockierung, kein Konflikt, keine Regression, Verlangsamung, Rückzug).

4 Das, was man noch im Mittelalter größtenteils unter den Melancholiebegriff subsumierte, ging in der *Dementia praecox* auf. Eine gewisse Ahnungslosigkeit bestand bereits damals hinsichtlich ihrer Symptome: *Kaum zwei von zweitausend weisen die gleichen Symptome auf und der Turmbau zu Babel hat keine Verwirrung der Zungen im Gefolge gehabt, die der aus der Melancholie entsprungenen Konfusion ihrer Kennzeichen vergleichbar wäre* (Robert BURTON in seiner *Anatomie der Melancholie*, 1991, 40 f).

Gottesreich, als Folge erhöhter Konzentration oder als Medium göttlicher Mitteilung verstanden. PLATON schildert im *Phaidros* (244 A) den Wahnsinn als *Teilhabe am Wissen der Götter*, von denen die menschliche Seele wie ein Rossgespann mitgerissen wird, und als notwendiges Mittel zur Weisheit. Das den Liebenden und Dichter gleichermaßen zur Schau der Ideen erhebende Ekstatische der Melancholie grenzt er jedoch in der *Politeia* (573 C) sehr wohl von der Melancholie als tyrannischem Irrsinn ab. Sein Schüler ARISTOTELES vereinigt den ursprünglich medizinischen Begriff und die platonische *Mania* und fragt im *Peripatos* (Problem XXX, I), warum alle *hervorragenden Männer* – Philosophen, Staatsmänner, Dichter oder Künstler – Melancholiker gewesen seien. Verursacht Melancholie diese hervorragenden Eigenschaften? Oder ist umgekehrt die Melancholie deren Ergebnis? Hier findet sich zum ersten Mal der Zusammenhang zwischen dem Streben nach Erkenntnis und dem melancholischen Leiden ausgedrückt, ebenso eine alles Empirische übersteigende Dimension, die auf dem Gebiet der Ethik bis zu KANT, FREUD und LACAN nachzuweisen ist. Der klassische Melancholiker gilt als einsamer Märtyrer der Erkenntnis, der an der *Unmöglichkeit einer möglich erscheinenden Vollkommenheit* verzweifelt (WALKER 2002, 23) – und, so kann man ergänzen, dennoch irgendwie damit leben muss. Die Renaissancephilosophen, Ärzte und Hermetiker, allen voran Marsilio FICINO in seiner *Diätik des saturnischen Menschen*, beschreiben die Melancholie als *melancholia generosa*, verursacht durch den Planeten SATURN, und daher als eine einzigartige und göttliche Gabe: Saturn bezeichnet selten *gewöhnliche Charaktere und Schicksale*, sondern Menschen, die von anderen abgesondert sind, *göttliche* oder *tierische*, *glückselige* oder *vom tiefsten Elend darniedergebeugte*. PLATOS Theorie vom göttlichen Wahnsinn lieferte die Grundlage dieser Gleichsetzung des *furor melancholicus* mit dem *furor divinus* der Renaissance: Die *saturnische Inspiration* wurde wie schon bei ARISTOTELES zum Vorrecht der Theologen, Künstler und Staatsmänner erklärt und spiegelt das Dilemma des Wunsches nach Einheit mit dem Göttlichen und dem Gefühl von Hoffnungslosigkeit wieder (vgl. AGAMBEN 1977).

Hermann SCHMITZ, der Ende des 20. Jahrhunderts durch seine Phänomenologie des Leibes und der Räumlichkeit von Gefühlen der Psychiatrie neue Wege gebahnt hat, schreibt über diese Seelenstimmung: Es ist, als stünde der Mensch nicht nur als Körper unter dem Einfluss der Gravitation, sondern als ganzer, leibhafter Mensch unter dem Einfluss einer *atmosphärischen Schwere* nicht physikalischer Art – so wie bei *drückendem Wetter, das trübe und missmutig stimmt* (SCHMITZ 1998, 24). Er weist darauf hin, dass wir oft unsere Stimmungen durch Aussagen wie *Es ist das Wetter, es herrscht dicke Luft* usw. zum Ausdruck bringen. Die derart ausgedrückte, ganz konkret verstandene *Atmosphäre* mit ihren Luft- und Druckverhältnissen, mit ihren Klängen, elektrischen

Phänomenen etc. ist wie eine zweite Haut, die uns umgibt, und wirkt vielfältig auf uns ein. Von alters her wurde diese Atmosphäre – *archetypischerweise* könnte man sagen – mit SATURN in Verbindung gebracht. Der Maler Albrecht DÜRER hat uns jenes wunderbare Bild (*Siehe Abb.1*) hinterlassen, in dem das Atmosphärische der *Melencolia* eindrücklich zur Darstellung kommt. PANOFSKY (1999, 103 f) mutmaßt, dass dieses Bild mit dem Tod der Mutter anno 1514 zusammenhängen könnte bzw. dass es auch DÜRERS Persönlichkeit insgesamt widerspiegle, der mit einem unlösbaren Problem befasst war: (W)*as absolute Schönheit ist, das weiß ich nicht. Niemand weiß es außer Gott* [...] *Was die Geometrie betrifft, so mag sie die Wahrheit einiger Dinge beweisen, aber in Hinsicht auf andere müssen wir uns mit der menschlichen Meinung bescheiden* [...] *Die Lüge liegt in unserem Erkennen und Dunkelheit steckt so schwer in uns, dass wir auch bei unserem „Nachtappen" fehlgehen* (zit. nach PANOFSKY 1999, 104). Tiefe Einsamkeit und Resignation, geboren aus dem Ringen mit dem Engel und der schöpferischen Rivalität mit Gott, klingen in diesen Worten an.

Die *archetypische Großwetterlage*, der bleierne Himmel, macht die Glieder bleiern. Aber nicht nur diese, denn der Sphäre SATURNS wurde, wie bereits gesagt, das vernunftmäßige Denken, der *höchste Intellekt*, zugeordnet – jedoch immer auf eine zwiespältige Art und Weise: tiefe Kontemplation einerseits, Düsternis, Traurigkeit und Stumpfsinn andererseits. SATURN ist der *Malefizstern*, eine *schwarze Sonne*. Die höchste Erkenntnis verbindet sich mit dem Abgrund des *homunculus tristis*, von dem es heißt: *Er liebt die Wissenschaft und möchte ein Mönch sein*. Der schon erwähnte Philosoph und Arzt Marsilius FICINO schreibt, dass *die schwarze Galle* deshalb das Denken *nötigt*, forschend ins Zentrum seiner Gegenstände einzudringen, weil sie selbst *dem Zentrum der Erde verwandt* ist (vgl. WALTHER, 1999, 176 f). Das folgende Bild (*Siehe Abb. 2*) Salvador DALÍS (*Kronos*) zeigt ebendiese Bewegung nach unten in einer spiralisch kreisenden Bewegung im linken oberen Bildrand. Wir werden später diese Bewegung nach unten mit der *Regression* und jenem geheimen Ziel in Verbindung bringen, das uns im Zentrum von DALÍS Bild in seinen Bann zieht: einer alles verschlingenden *Oralität*.

Fassen wir zusammen: Der Melancholie wohnt eine signifikante Doppeldeutigkeit inne, sie ist Bezeichnung für eine psychische Erkrankung und ebenso Bezeichnung für eine Wesensveranlagung, die seit der Antike idealisiert wie verteufelt und mit Kreativität in Verbindung gebracht wird. Diese Doppeldeutigkeit hat sich bis heute gehalten. Vor allem in der Kunst wird Melancholie nach wie vor als *ästhetische Haltung* betrachtet, als besondere Weise des Selbst- und Weltverhältnisses. Auch in der Antipsychiatrie galt Wahnsinn kurzfristig als Weg der Selbstverwirklichung und Überschreiten der dem Gesunden vermeintlich gesetzten Grenzen möglicher Erfahrung. Was Kunst und Ästhetik insgesamt auszuzeichnen scheint, ist diese Erkenntnis, dass *im tiefsten Innern der Form ... eine Trauer, eine Spur von Verlust* (STEINER 2001, 38), ein *memento mori*, begraben liegt. Gerade die Ästhetik kennt das Gefühl der Schuldhaftigkeit angesichts des Fertigen, das nicht hätte sein müssen, eine Schuldhaftigkeit, die schon vorhin bei DÜRER angeklungen ist. Jedes geschaffene Objekt ist eine Beeinträchtigung größerer Potenziale, jeder schöpferische Ausdruck ist von einem Schatten begleitet, jedes Sein ist ein Kompromiss. VERGIL etwa wollte die *Aeneis* wegen ihrer Unvollkommenheit vernichten. Im Inneren des Schöpferischen, das oftmals aus tiefer Einsamkeit und der Sehnsucht nach einem Gegenüber – die auch so manche Theologien erwähnen – erfolgt, liegen Trauer, eine Spur von Verlust und die quälende Frage, ob es nicht besser wäre, dass die Schöpfung nicht erfolgt wäre. Nicht nur der biblische Gott möchte seine Schöpfung wieder vernichten, auch Hiob und Ödipus verfluchen den Tag, an dem sie geboren wurden. Was Kunst und Ästhetik insgesamt gegenüber den harten Wissenschaften und ihrem Streben nach Selbstschöpfung auszuzeichnen scheint, ist diese Einsicht in die Rivalität zu Gott, in die Erstürmung des Himmels und das Ringen mit dem Engel, der das einsame Moment des Schöpferischen bewohnt. Alles, was in diesem Rendezvous an der Grenze zur Leere geschaffen wird, ist – und das wird nur allzu gerne verdrängt – letztlich ein *Vertrag mit dem Unbekannten*: Menschenwerk.

Nun, neben der ambivalenten Bewertung der Melancholie hat sich seit der Antike auch eine geschlechtsspezifische Zuordnung gehalten. So gilt vor allem im 19. Jahrhundert die *romantische Melancholie* – im Gegensatz zur weiblichen, angeblich ziellosen Empfindlichkeit und Hysterie – als männlichere Form des Weltschmerzes und Sehnsucht nach der Unendlichkeit. Bereits in der spätmittelalterlichen Dichtung wird die Melancholie als *Stimmung* und als alte Vettel personifiziert. Alain CHARTIER (nach KLIBANSKY et al. 1992) schildert 1426 seine Dame *Merencolye* als bleich und abgezehrt infolge einer unglücklichen Liebe, eine Verdichtung aller alten Inhalte wie Angst, Wahn und Todessehnsucht. Verben wie *merencolier*, *merencoliser* und *melancomover* – heute unbekannt – bedeuten alle dasselbe: in düsteres Sinnen verfallen. MILTON beschreibt 1630 in seiner *Anatomie der Melancholie* die *Schwarze Dame* als Tochter des SATURN und der Vesta: Sie avanciert allmählich vom Albtraum zur nachdenklichen Nonne, hat eine seherisch-ekstatische Seite (der alte göttliche furor) und signalisiert eine Steigerung des Ichgefühls, in der sich die poetische Melancholie der Moderne anbahnt: Die Seele genießt ihre Einsamkeit, um sich im Genuss derselben ihrer Einsamkeit bewusst zu werden. GOETHE preist denjenigen selig, der sich *von der Welt ohne Hass* verschließen kann. Neben diesem schöpferischen Selbstabschluss etabliert sich die Melancholie auch als Sinnbild der ewigen Unvollendetheit des Daseins und der brennenden Sehnsucht nach dem Unendlichen: *Wir suchen überall das Unbedingte und finden nur Dinge*, klagt NOVALIS (zit. nach FÖLDÉNYI, in: WALTHER 1999, 149) und der Theologe Romano GUARDINI (1983) warnt – leider nicht ohne moralisierenden Unterton – vor der *Beunruhigung durch die Nähe zum Unendlichen*, die den *Sinn* des mit Schwermut beladenen Menschen darin festlegt, *lebendige Grenze* zu sein.

An diesen Schwenk hin zur Theologie können wir eine weitere Vorfahrin der *Schwarzen Dame* anschließen: die mittelalterliche *Acedia* (von *a-kédia*, *kedos*, Sorge), die so genannte *Mönchskrankheit*, geprägt von Lebensüberdruss, Schlaffheit (*torpor*), Widerwillen (*taedium*) bis hin zum Stumpfsinn. Sie wird als das Ergebnis einer Sorglosigkeit, eines unbekümmerten Abwendens von der Freude darüber, Geschöpf Gottes zu sein, als *tristitia de bono divino* geschildert: Man ist aus Leichtsinn und aus einer oberflächlichen Auffassung Gottes nicht zum wahren Quell der Freude vorgedrungen. Das Mittelalter sieht darin eine Todsünde. Bei DANTE vegetieren die *accidiosi*, die Seelen des 5. Höllenkreises, deshalb in düsterem, stinkendem Schlamm, weil sie sich im sonnendurchfluteten Äther der Traurigkeit überließen. Michael THEUNISSEN (1996) nennt beide – Melancholie und Acedia – *Vorentwürfe von Moderne,* und zwar insofern, als beide das *Emanzipationsstreben* des menschlichen Bewusstseins von Vorgegebenheiten sozialer oder religiöser Natur widerspiegeln. Ein Umstand, der vor allem die zu manchen Zeiten idealisierte Melancholie zum erklärten Feindbild Nummer eins machte. Die europäische Aufklärung sah im Melancholiker den Vernunftlosen, der gegen die Glücksverheißung der Vernunftreligion ist, und führte gegen die Melancholie einen regelrechten Feldzug. 200 Jahre nach FICINO stufte der Frühaufklärer Christian THOMASIUS in seiner *Ausübung der Sittenlehre* aus dem Jahr 1696 die Melancholie auf der niedrigsten Stufe der vier Temperamente ein. Die melancholischen Merkmale sind ein einziger Lasterkatalog. 50 Jahre später macht Jacob BRUCKNER, der maßgebliche Philosophiehistoriker des 18. Jahrhunderts, FICINO für den Irrationalismus aller Schwärmer dieser Zeit verantwortlich.

Es scheint, als sollte KRONOS noch einmal – interessanterweise wieder von einer *Brüder*horde – gestürzt werden, was wir vielleicht auch als Indiz dafür nehmen können, dass er nie wirklich gestürzt werden konnte. Dieser Feldzug reicht bis in unsere Zeit, denn sowohl für die politische Linke als auch für die konservative Mitte ist der Depressive ein zwar bedauernswerter aber nichtsdestotrotz lästiger Störenfried des gesellschaftlichen Konsenses, da er dessen Sinnangebote, Werte und Utopien zurückweist. Im Depressiven wird verfolgt, was sich verordnetem Glück widersetzt. Was dabei übersehen wird, ist freilich der Umstand, dass jemand, der glücklich ist, keine Utopien entwerfen muss, d.h. der Melancholiker ist bereits der verdrängte *Schatten der Gesellschaft*, vielleicht auch ein von der *dunklen Anima* einer das Irrationale verdrängenden Vernunft Betroffener. In ihm kommt die Toleranz der Aufklärung an ihre Grenze, er wird zum stigmatisierten Anderen der Gesellschaft und der vergötterten Vernunft. Die Wiederkehr des Verdrängten ist jedoch nur eine Frage der Zeit und so kam bereits im 18. Jahrhundert auch die Vernunft an ihre Grenzen und die Melancholie wurde, etwa in Form der salonfähigen Hypochondrie, buchstäblich zur Signatur des aufgeklärten Bürgertums.

Wir können festhalten, dass auch dieses Erbe von der Depression heute getragen wird, auch sie ist das Feindbild einer auf fit&fun sowie Produktion und Konsum ausgerichteten Gesellschaft, die nur zu gerne verdrängt, von welchem *geistigen Klima* sie umfangen und in welcher (oralen) *Einheitswirklichkeit* sie sich eingerichtet hat. Am Ende des 20. Jahrhunderts, so George STEINER in seiner *Grammatik der Schöpfung* (2001), zeigt bereits alles auf *Spätnachmittag*, es herrscht eine *Müdigkeit im Kern*, wir sind *Spätlinge*, scheinen uns zur Erde und zur Nacht zu beugen wie heliotrope Pflanzen; die Unmenschlichkeit ist immer während, Utopia hat es nie gegeben; die europäische Bourgeoisie hat zwar durch Ausbeutung der Arbeiter im eigenen Land und durch die Kolonialherrschaft eine privilegierte Zeit erlebt, aber: Die Hölle hat sich durchgesetzt, denn der Zusammenbruch der Menschlichkeit entspringt eben den Hochburgen der Zivilisation, der Bildung und Aufklärung; der Nationalsozialismus, die *Shoa*, der Stalinismus, die Säuberungen auf dem Balkan usw. belegen dies auf furchtbare Art und Weise; der Liberalismus und der Positivismus brachten nicht das Erhoffte, die Bestialisierung ist unüberbietbar und nach dem *Tod Gottes* und dem *Ende des Menschen* bleibt uns gerade noch der *Niedergang des Messianischen* in Religionen wie säkularen Programmen zu beklagen. Aussagen wie diese belegen: Wir befinden uns ausnahmslos alle im Bauch des Molochs. Die *Schwarze Galle* fließt in uns allen. Wir begegnen ihr nicht erst bei den direkt Betroffenen. Depressionen spielen sich nicht nur im Verborgenen ab, sie gehören nicht nur einfach zur dunklen Seite des Lebens, die wir von der lichten Seite her nur unscharf und mittelbar wahrnehmen können. Das, was wir klinisch als Depression bezeichnen, ist etwas manifest Gewordenes, das latent immer schon mitschwingt, nicht nur in uns als Einzelwesen, sondern auch im je Größeren unserer Kultur, unserer Sprache, in unseren Weltbildern und in der gesamten Schöpfung. Das paulinische Seufzen mag dafür exemplarisch sein.

Um diese Thematik weiter auszuführen, möchte ich nun davon ausgehen, dass wir – jede/r von uns – hineingeboren werden in einen Leib, in eine Familie, in eine spezielle Gesellschaft und Kultur, in eine bestimmte Geschichte und Epoche, in Weltbilder, in eine Welt als Ganzes. All dies, all diese Bereiche spielen ineinander, bringen uns hervor, all dies *Andere* konstituiert uns mit. Von jungscher Seite her kann man ergänzen: Wir werden auch in die *Seele* hineingeboren, ins *esse in anima*, in jenen Beziehungsraum, den wir immer schon mit anderen teilen und geteilt haben und den wir nicht oft genug betonen können. Gerade die Depression weist beinahe unerbittlich auf diesen Umstand hin und insofern könnte man sie tatsächlich als Bestätigung für eine gewisse *Objektlastigkeit* (MENTZOS) sehen, dafür, dass der andere von einer gewissen Perspektive aus mehr (*wert*) ist als das mit sich selbst identische Ich, das – selbst in seinen Autismen und Narzissmen – immer auf andere angewiesen ist und bleibt. Die oben genannten Bereiche des Anderen sind nicht nur an der Bildung dessen beteiligt, was wir sind, sondern auch an der Bildung unserer Depression. Sie sind Forschungsgegenstand verschiedener Wissenschaften, die, jeweils dem eigenen Paradigma folgend, Aussagen darüber machen, wie sich Depressionen *auch* äußern.

(Abbildung 1) Albrecht DÜRER, Melencolia I, 1514

(*Abbildung 2*) *Salvador DALÍ, Kronos, 1963-1965*

2. Uroboros: Komplexgeschehen und Begründungszirkel

Ich stelle nun ein Modell vor, das ich Ken WILBER verdanke. Er verwendet dieses *Modell der vier Quadranten* (1999), um die subjektiven, objektiven, intersubjektiven und interobjektiven Aspekte menschlicher Erkenntnis allgemein in einen integralen Zusammenhang zu bringen. Das Modell eignet sich auch gut, die Komplexität und Interdependenz, d.h. den wechselseitigen Bedingungszusammenhang des *Bewusstseins*phänomens Depression, darzustellen und alle reduktiven Verfahren als zu schlicht zurückzuweisen und dabei zugleich deren relativen Wahrheitsanspruch zu würdigen. Ein Leitgedanke dabei ist, dass eigentlich – wie Gregory BATESON es einmal ganz allgemein formulierte – *unsere Vorstellungen von Medizin und Patient auch mit den Vorstellungen des Patienten zusammenpassen* könnten. In meinem Modell gehören die vier Bereiche der *Komplexschale*[5] an und bringen unterschiedliche Sichtweisen des Phänomens Depression zur Darstellung. Zugrunde liegt ihnen allen ein *archetypischer Kern*, aus dem sie gespeist werden. Man könnte hier, um einer gewissen Dezentrierung Rechnung zu tragen, einfügen, dass *nicht der persönliche Mensch die Aussage* macht, sondern die Psyche selbst (JAFFÉ 1982, 355).

Wir können also von vornherein im Auge behalten, dass wir *DIE* Depression in keinem der vier Bereiche finden werden. Wir können uns aber klarmachen, wie viele erfassbare strukturelle Gegebenheiten am Phänomen Depression beteiligt sein können, und diese und deren Auswirkungen können wir beschreiben und ins Kalkül ziehen. Wir haben allerdings Schwierigkeiten, *Symptom* und *Ursache* eindeutig unterscheiden zu können. Eine Antwort auf die alte Frage, ob die Henne vor dem Ei oder umgekehrt das Ei vor der Henne war, lautet bekanntlich, dass die Henne die Art und Weise ist, wie ein Ei ein anderes hervorbringt.

---

5 Für DIECKMANN (1991) sind Komplexe die *Kraftfelder* oder *Landkarten* der Psyche, die in der *Komplexschale* Assoziationen, Phantasien, Realerfahrungen etc. zu einem bestimmten Bereich anreichern. Der *Kern* ist archetypisch und enthüllt zuerst meistens negative Aspekte. JUNG war über seine Assoziationsstudien zur Entdeckung gefühlsbetonter Komplexe gekommen; sie haben positive wie negative Komponenten und verhalten sich wie abgespaltene Teile der Psyche – ein *corpus alienum im Bewusstseinsraum.* Pathologisch wird ein Komplex, wenn er übermäßig Energie an sich zieht, er ist mit frühen Liebes- wie Hassgefühlen und tiefen Ängsten verbunden und verhält sich wie ein Diktator, da er alle Assoziationen von der übrigen Psyche abspaltet und unter seine Herrschaft bringt.

Auf die Depression bezogen heißt das: Depression ist die Art und Weise, wie eine Depression – *obscurum per obscurius, ignotum per ignotius* – eine Depression hervorbringt, eine paradoxe Definition, die der *komplexen Zirkularität* der uroborisch-archetypischen *Kerndynamik* am ehesten gerecht wird.

Die vier Bereiche der *Komplexschale* werden in meinem Modell vom *archetypischen Kern* bzw. aus einer *archetypischen Kerndynamik* gespeist. Jeder der vier Bereiche steuert seine je eigene Wahrheit zum Phänomen Depression im Ganzen bei und ist Ausdruck des *Ringens* mit dem, was in der Psyche herandrängt. Das heißt aber auch, dass keiner dieser Bereiche seine Sicht als einzig geltende Wahrheit ausweisen darf, um nicht ähnlich zu verfahren wie die Depression selbst: nämlich etwas Relatives als ein Absolutum auszugeben.

Depression als unbewusste Kompensation,
als Energieverlust

I.	II.
Subjektiv-individuell	**Objektiv**
Innenwelt, Kunst, Selbstausdruck	Naturwissenschaften, Medizin

ARCHETYPISCHE

Depression
als Kommunikationsmodell

Depression
als Fehlfunktion

KERNDYNAMIK

III.	IV.
Intersubjektiv	**Interobjektiv**
Kultur, Sprache	Soziale Rollen

Depression als
psychosoziales Problem

Man könnte auch sagen, dass die vier Bereiche nach der Art *borromäischer Ringe* miteinander verbunden sind, d.h. sie greifen auf eine Weise ineinander, dass man keinen dieser Bereiche aus dem Kontext isolieren kann, ohne das Gefüge aufzulösen. Ich bevorzuge daher die Bezeichnung *Komplexring* anstelle von *Komplexschale.* Dabei klingen Ausdrücke wie *mit etwas ringen* und *gering* an, eine Wertung, die im Zusammenhang mit der Depression eine wichtige Rolle spielt. Das Wort *Ring* drückt auch das Ergebnis dieses Ringens aus sowie das Zusammengehören der vier Bereiche bzw. des *Ge-rings.* So ist z.B. die subjektive Aussage eines von der Depression betroffenen Menschen oder auch eine wissenschaftliche Theorie der Depressionen (der Bereich I) eben auch eine Aussage, d.h. ein sprachlicher Ausdruck (der Bereich III), usw. Das Wort *Ring* drückt auch schön das in beide Richtungen (I-II-III-IV und ebenso IV-III-II-I) Kreisende des Uroboros aus und verdeutlich die Notwendigkeit eines trennenden Schnitts. Jedes wissenschaftliche Paradigma kommt diesem kronidischen Schnitt gleich, verliert aber ebendadurch auch – wie KRONOS selbst – den Bezug zum Ganzen und verfällt dadurch einem illusionären Machtschatten.

Aus der Erkenntnistheorie wissen wir, dass alle Versuche von Letztbegründungen ins so genannte *Münchhausentrilemma* führen: entweder unendlicher Regress oder Abbruch an einer beliebigen Stelle oder willkürliches Einführen eines letztbegründenden Prinzips. Vor ebendiesem Trilemma stehen wir auch, wenn wir versuchen, die Depression auf eindeutige Ursachen und Kausalketten zurückzuführen. Die Wissenschaften treten dabei mit demselben absoluten Anspruch auf wie die Depression selbst, die uns in einen *eschatologischen Horizont* versetzt, *Letzte Dinge* als Maßstab vorsetzt und gerade dadurch die Fülle des jeweiligen Lebensmoments auf ein Minimum einengt. Das alles verschlingende Maul des Molochs wird zum alles verschlingenden Zyklopenauge: Dessen Blick[6], der Blick der Wissenschaften, ist gewalttätig.

Die Wissenschaften verfahren also ebenso wie das depressive Geschehen, sie negieren die Fülle des Phänomens und engen es pars pro toto auf Mess- und In-

---

6 Die Psychoanalyse hat auf diesen Zusammenhang von *Aufklärung* und der *Omnipräsenz des Blicks* (RUHS 2003, 165) mit dem aus den beiden Komponenten *Schautrieb* und *Bemächtigungstrieb* zusammengesetzten *Wisstrieb* (FREUD) hingewiesen und damit ihre eigene anfängliche Tendenz zum *amphitheatralischen Schauraum* charcotscher Prägung (ebd. 174) und zur narzisstischen Befriedigung zumindest thematisiert: *Das Sprechen über Macht und Gewalt ... kann nicht ohne Bezug zu Bildern erfolgen, die sich auf das Wesen des Bildhaften selbst beziehen und damit die stete Präsenz eines Auges implizieren ... Die Spiegelfunktion des Auges ... ist superponiert von seiner Oralität und deren aggressiven Modalität der Einverleibung* (ebd. 170 f). Doch wir dürfen nicht vergessen, dass ein *optisches Dispositiv ein wesentlicher Teil der Seele ist* (ebd. 177), das durch den *linguistic-turn* der Psychoanalyse vom Visuellen zum Auditiven, vom Beobachten zum Zuhören, nicht ganz zu relativieren ist. Bild und Sprache sind aufeinander verwiesen, was JUNG nicht zuletzt durch das *Assoziationsexperiment* eindrücklich belegt hat. Auf der Ebene des Bildes lässt sich freilich noch festhalten, dass wir unseren Blick dahin gehend zu verfeinern haben, dass die aggressive Komponente des neidvollen und grundsätzlich *bösen* Blicks nicht das letzte Wort ist, sondern vielleicht der von *Tränen verschleierte Blick* (DERRIDA 1997, 123) z.B. angesichts des *ganzen* Bildes, das wir z.B. von KRONOS erheischen können. In diesem Sinn hält es das Gift wie das Gegengift bereit. Es ließe sich weiters mutmaßen, dass gerade die Abwertung des Imaginären vor allem etwa bei LACAN verhindert, das *vollständige* Bild erfassen zu können, und dass sie vielleicht auf die ödipale Ambivalenz von Blindheit und Blendung, d.h. auf das *skopische Dilemma* – weder schauen noch nicht schauen zu können (vgl. ebd. 148) – des *Sohnes*, verweist sowie auf die Ausblendung eines elementaren Beziehungsraumes. Dieses Thema möchte ich im letzten Kapitel eingehender behandeln.

terpretierbares ein. Doch mit linearen und monopolartigen Erklärungsmodellen kommen wir nicht wirklich weit, denn sie verfehlen die *komplexe Zirkularität* depressiver Zusammenhänge bereits im Ansatz. Die angesprochene Zirkularität lässt sich auf persönlicher Ebene einfach aufzeigen: Beginnen wir damit, dass eine Person aus irgendeinem Grund (Verlust, Kränkung etc.) gefühlsmäßig verstimmt ist; dies verändert die Biochemie und ebenso die Art, wie sie denkt und die Stimmung oder das Geschehen bewertet, was sich wiederum auf die Stimmung niederschlägt, welche wiederum den chemischen Hexenkessel anheizt und das Kreisen der Gedanken weiter steigert – und so fort. Fazit: Die uroborische Schlange beißt sich in den eigenen Schwanz – und dabei haben wir noch nicht einmal externe Faktoren berücksichtigt, die den geschilderten Prozess ihrerseits beeinflussen können. Der Uroboros[7] hat einen Anfang, der sein Ende ist, und ein Ende, das der wahre Ursprung ist.

Auch MENTZOS (1995) nimmt eine *kreisförmige Kausalität* an: Psychodynamisch hat der depressive Affekt, dem der Grundkonflikt *Selbstwert* oder *Objektwertigkeit* zugrunde liegt, Signalfunktion und deutet Hoffnungslosigkeit sowie drohenden oder eingetretenen Stillstand an. Das cerebrale-somatische Korrelat besteht in einer Dauererregung der die Stimmung und den Antrieb betreffenden neuronalen subkortikalen Strukturen – und diese entwickeln ab einem bestimmten Zeitpunkt eine Eigengesetzlichkeit und relative Unbeeinflussbarkeit; parallel dazu verläuft eine regressive Bewegung bzw. pathologische Entwicklung des psychodynamischen Prozesses: Folge ist eine zunehmende Destabilisierung der narzisstischen Homöostase. Im Vorwort zu *Depression und Manie* schreibt er: *Die große Fülle empirischer Befunde lassen eindeutig auf eine Somatogenese bei psychotischen Depressionen und Manien schließen – ebenso der prophylaktische Erfolg antidepressiv wirkender Psychopharmaka, sowie chronobiologische und erbgenetische Faktoren, auch dass sie von alleine abklingen können ... Kann man überhaupt sinnvollerweise von Psychodynamik, -genese*

7 GIEGERICH (1999, 57) meint diesbezüglich im Zusammenhang mit Neurosen, dass sie ihren Ursprung in sich selbst haben und nicht in einer kausalen Ursache, eine Betrachtungsweise, die erlaubt, sie als schöpferische Leistung anzusehen, deren Grund im Heute liegt, d.h. sie werden täglich unterhalten. Bei der Depression finden wir einen *aktiven und passiven Kannibalismus* (LACAN), d.h. *das Wesen, das aufnimmt, ist selbst ganz aufgenommen*: Vom depressiven Geschehen verschlungen werden ist gleichbedeutend mit: sich selbst davon ernähren. Einerseits *frisst* uns die Depression auf – der anfängliche Uroboros (und auch KRONOS) frisst seine Kinder, nährt sich molochartig von mächtigen Gefühlen, Gedanken und Transmittercocktails derer, die mit ihm ringen –, andererseits nähren wir uns von etwas, das sich von uns ernährt, ein schönes Beispiel für *orale introjektive Identifikation* bzw. *orale Verschmelzung*. Was in dieser *Einheitswirklichkeit* fehlt, ist der Zugang zu einem Wandlungsgeschehen, das das Sich-selbst-Verschlingen unterbricht.

und Psychotherapie sprechen? Wie kommt es, dass komplizierte psychische Prozesse wie Sinnentleerung, Lebensüberdruss oder Versündigungswahn durch chemische Substanzen günstig beeinflusst werden können? Andererseits: Wie kommt es, dass intensive körpernahe Symptome wie depressiver Stupor, Niedergeschlagenheit oder Erregung psychotherapeutisch beeinflussbar sind? Wie kommt es also, dass der gleiche Prozess deterministisch erklärbar, auch voraussagbar (bei Absetzen der Medikation) sein kann, andererseits finalistisch, vom funktionalen Ziel der Abwehr, der sinnvollen Kompensation eines Mangels her genauso gut verstehbar ist? Ist Depression eine Krankheit, deren Verursachung es aufzudecken und aufzuheben gilt? Ist sie eine Lebenskrise, die erst durch das Verständnis dahinter liegender Sinnzusammenhänge zu überwinden ist?

Ein zirkuläres Modell entspricht also eher dem Umstand, dass die betroffene Person als ganze Gefangene eines archetypisch-kreisenden Komplexgeschehens ist, das sich in allen Bereichen ihres Seins entfaltet: somatisch, seelisch und geistig. Was in dieser *Einheitswirklichkeit* fehlt, ist auf der persönlichen Ebene der Zugang zu einem Wandlungsgeschehen, das den Kreislauf einander und sich selbst verschlingender Prozesse unterbricht und das verhindert, dass sie immer mehr zu dem wird, womit sie sich irrtümlicherweise identifiziert. Deswegen kann es manchmal durchaus lebensrettend sein, den tödlichen Kreislauf z.B. auch durch Medikamente zu unterbrechen, bevor ein Mensch die Kraft aufbringen kann, der depressiven Tendenz, der ins Unbewusste fließenden Libido folgend, *bewusst zu regredieren*, wie JUNGS Empfehlung lautet, für den Depression ein *unbewusstes Kompensationsphänomen* (JUNG 1987, 261) ist, dessen Inhalte, um volle Wirksamkeit zu erreichen, bewusst gemacht werden müssen. Ich werde dieser Empfehlung auch in meiner Arbeit folgen und nach der kollektiven Komplexschale den archetypischen Kern thematisieren. Auch dort werden wir, das lässt sich vorwegnehmen, auf die Zirkularität stoßen. Auch dort gilt der Satz, dass Depression die Art und Weise ist, wie eine Depression sich selbst hervorbringt, und zwar insofern, als nicht erst der gestürzte KRONOS eine *nigredo* darstellt, sondern bereits seine uroborisch vereinten und undifferenzierten Ureltern Uranos und Gaia. Aber auch KRONOS ist der Uroboros und wurde u.a. als gehörnte Schlange (der Jahreskreislauf) dargestellt, die paradoxen Gegensätze (Sich-selbst-Auffressen, Selbstzerstörung, Selbstbefruchtung und Schöpfung) in sich vereinigend und an die Doppelnatur des Mercurius erinnernd, in dem sich tödliches Gift wie Heilmittel gegen den Tod, chaotische Fülle wie der *lapis philosophorum* gleichermaßen verdichten. Damit haben wir einen ersten Hinweis, dass das Heilsame in der Wiederherstellung eines gegensätzlichen Seelenbildes seinen Anfang nimmt. Das, was so furchtbar wie eine Depression ins Bewusstsein einbricht, enthält bereits das Rettende. Oder etwas paradoxer formuliert: Depression ist die Art und Wiese, wie eine Depression sich selbst heilt. Nicht wir heilen *sie*, sondern sie heilt *uns*. KRONOS hat einen nicht unwesentlichen Bezug zu den Heilern CHIRON und ASKLEPIOS[8] und wurde wie Letzterer mit einem über den Kopf gezogenen Mantel, der nur das Gesicht mit den Furcht erregenden Augen, die Füße und die Hand mit der Sichel unbedeckt lässt, dargestellt. Man sagt von KRONOS auch, dass er in Gestalt eines Pferdes mit Philyra, einer Tochter des Okeanos, den Kentaur CHIRON gezeugt habe, und diese Rossgestalt hat er auch mit dem *Herrn der Erde* – mit Poseidon – gemeinsam, der der Demeter als Hengst beiwohnte.

Ich möchte versuchen, das Phänomenfeld Depression im Sinne von JUNGS Empfehlung einer Regression von der Komplexebene zum archetypischen Kern hin zu durchqueren, wobei der Titan KRONOS nicht selbst der Kern, sondern eher eine Art Kulminationspunkt eines konstellierten archetypischen Feldes, einer *archetypischen Kerndynamik*, ist, deren Wirkkräfte nicht nur vom Betroffenen, sondern auch im persönlichen Umgang und v.a. auch in der therapeutischen Gegenübertragung wahrzunehmen sind. KRONOS ist, das wird sich erweisen, ein unausschöpfbares Symbol. In ihm liegt der Ursprung und zugleich die absolute Grenze des Bewusstseins. Denn, der trennende Schnitt, die Geste, die den Raum des Bewusstseins und Ausgreifens ins Unendliche-Offene eröffnet, stellt gleichursprünglich damit eine absolute Begrenzung[9] auf. KRONOS ist überall –

---

8 CHIRON, Sohn des KRONOS und der Philyra, wird in Rossgestalt dargestellt, um Rhea nicht eifersüchtig zu machen. Er war anders als die Zentauren – weise, freundlich, heilkundig. Er liebte Musik und die Künste und war mit Apoll befreundet. Einmal verletzte er sich an einem vergifteten Pfeil des Herakles, den er einem Verwundeten herauszog und verfiel in Agonie, verlor seine Unsterblichkeit aber nicht ganz; in einer anderen Version tritt er sie an PROMETHEUS ab und geht freiwillig in den Hades. Den Erzählungen nach lebte er in einer Höhle des Pelion in Thessalien, wo ihm auch Menschenopfer dargebracht wurden; seine Frau Chariklo gebar ihm eine Tochter, Endeis, und diese einen Sohn Peleus, den er rettete. Zeus setzte ihn als Sternbild des Centaurius an den Himmel. Er war der Erzieher vieler Heroen, lehrte Heilkunst, Jagd und Leierspiel.
ASKLEPIOS ist der Sohn des Apoll und der Koronis (Persephone), die auf Bitte Apolls von Artemis getötet wurde, weil sie Apoll betrogen hatte; er oder Hermes zog das Kind aus dem Leib der toten Mutter, CHIRON zog ihn auf und brachte ihm die Heilkunst bei. Er hatte zwei Söhne mit Epione, Machaon und Podaleirios, die während des Trojanischen Krieges die Verwundeten versorgten. Zeus erschlug ihn, weil er Tote lebendig machte, und Apoll rächte sich durch die Tötung der Kyklopen (Zeus′ Söhne), wofür er ein Jahr Knechtdienste am Hof des Admetos leisten musste. Schlangen sind seine Tiere, chthonisch-schlangenartig ist auch der Gott selbst.

9 JUNG schreibt in den *Erinnerungen*: *Das Gefühl für das Grenzenlose erreiche ich nur, wenn ich auf das Äußerste begrenzt bin. Die größte Begrenzung des Menschen ist das Selbst ... Nur das Bewusstsein meiner engsten Begrenzung im Selbst ist angeschlossen an die Unbegrenztheit des Unbewussten. Die Einzigartigkeit einer persön-*

am Grund des Meeres, in der Erde, in der Unterwelt und am Himmel: In der Mitte des Meeres *liegt ein Würfel aus Stein* (ein Symbol des KRONOS, Anm. GB), *auf dem ein Pfeiler ruht, der von der Erde bis zum Himmel reicht* (von DECHEND 1994, 203). In ihm tritt der Konflikt männlich und weiblich auseinander; er präfiguriert Auflehnung und Scheitern, Puer und Senex, Apoll und Dionysos, Zerstörung und Heilung, den Konflikt Hiobs mit Jahwe und die Gegensatznatur des *deus absconditus*, die zu ertragen und zu überbrücken laut JUNG die zentrale Aufgabe des *homo religiosus* ist; er präfiguriert den Ruf nach einem Erlöser, nach Erneuerung, nach einem Messias, sowie unser Bewusstsein, unser Ich und auch das Selbst bzw. die Beziehung Ich-Selbst; er richtet die Ich-Selbst-Achse auf, ein Titan (das bedeutet *Strecker*), der nach den Sternen greift, deren Herr er auch wird, nachdem er seinen Vater Uranos gestürzt hat; er ruft den Kosmos, die Götter und die Menschen ins Leben und damit auch in Leid und Tod; er ist der Stein, den Sisyphos zu wälzen hat, und er richtet das Kreuz auf Golgotha auf. Er präfiguriert das Opfer des Sohnes und den Tod Gottes insgesamt sowie die postmoderne Trauer um den damit einhergehenden Verlust jeglicher Sicherheit. Und: Er stellt ein Maß auf – nicht nur für Menschen, sondern auch für die Götter, die von nun an am menschlichen Maßstab gemessen werden. Oder anders und mit JUNG gesagt: Das Selbst wird für das Ich eine ebensolche Herausforderung wie das Ich für das Selbst. KRONOS ist als Senex-und-Puer ein Symbol, das das Ich wie das Selbst bzw. deren wechselseitige Bezüge und paradoxe Einheit charakterisiert. Er bietet einen Blick in eine archetypische Wirklichkeit, ins Leben, das andere verschlingt und das selbst verschlungen wird, ein *passiver* und *aktiver Kannibalismus* (LACAN) zugleich, eine orale *Einheitswirklichkeit*. Er ist jedoch nicht nur der orale Schatten einer Macht, die andere verschlingt – sei es diejenige eines Gottes (der uns aus- und einatmet), sei es diejenige der Natur oder diejenige menschlicher Technik –, sondern der *destruktive Schatten des Schöpferischen* überhaupt. Sind wir unbewusst mit dem Schöpferischen – und damit auch mit dem Destruktiven des Schöpferischen – identifiziert, so haben wir auch das Schicksal des himmelsstürmenden Titanen zu erleiden: den Sturz in den Abgrund, von dem nicht nur wir betroffen sind, sondern auch der andere, unsere Mitmenschen, und damit ein ganzes Weltgefüge. Genau hier liegt der Ansatzpunkt für ein *ethisches* Verständnis der Depression und ihres geheimen Zieles einer Dekonstruktion von Welt nach deren Destruktion. Denn die Begegnung mit der Depression wird als destruktiv erlebt, oftmals als Einbruch des *deus absconditus*. Die Bewusstseinsschwelle wird gesenkt und in der Begegnung mit den kompensierenden Bildern des Unbewussten bietet sich

---

lich-individuellen Kombination „das bin ich" ist zugleich eine Begrenzung (JAFFÉ 1982, 328).

die Möglichkeit, eine einseitig gewordene Bewusstseinshaltung zu korrigieren. JUNG legt nahe, sich dessen bewusst zu werden, was vom Unbewussten her andrängt, statt damit identisch zu bleiben (JAFFÉ 1982, 325). Es geht ihm dabei nicht nur um die Rettung des Einzelnen, sondern um einen *Dienst am Unbewussten* – wobei er meinte, dass dieser Begriff (das Unbewusste) *zu neutral* sei und ein Wort wie *Gott* eine bessere Objektivierung und Personifikation ermöglicht: *Hass und Liebe, Furcht und Verehrung betreten den Schauplatz der Auseinandersetzung und dramatisieren diese in höchstem Maße ... Der ganze Mensch wird herausgefordert und tritt mit seiner ganzen Wirklichkeit in den Kampf* (ebd. 339f). Im Mittelpunkt steht die Begegnung mit einem höchst ambivalenten archetypischen Bilderkonglomerat, das auf paradoxe Weise anschaulich macht, was als *psychoide* Kraft an sich nicht bewusstseinsfähig ist. Dieses Konglomerat unterliegt selbst einem Wandel, es sinkt ins Unbewusste und bildet dort einen mächtigen Attraktor, von dem, wie im Fall des KRONOS, viele Namen[10] überliefert sind.

Es ist schwierig, die paradoxe Gegensätzlichkeit der von ihm überlieferten Bilder als eine Einheit zu sehen und nicht lineare Kausalketten (Trennung von Himmel und Erde, Herrschaft und Sturz) zu bevorzugen. Das gilt, wie gesagt, ebenso für die Depression. Die Begegnung mit diesen archaischen Bildern kann auf eine eigentümliche Art *betroffen* machen und es ist eine Betroffenheit, die mich zur Frage veranlassen wird, ob wir in Bezug auf *den* Vater je wirklich in die *Depressive Position* gekommen sind. Aus dieser Betroffenheit heraus werde ich dafür plädieren, das *Heilige*[11] der Bilder zu würdigen. *Heilig* meint hier, *was heil, d.h. ganz ist, oder was Einseitiges, Abstraktes, durch harmonische Entge-*

10 So etwa: GELBER KAISER (chin.), JAHWE (hebr.), HUBAL (vorislam.), AMLODHI (isländ. – vgl. HAMLET), PROMETHEUS (die Ureltern trennend) , PAN (einer Version zufolge ein Sohn des KRONOS), HEPHAISTOS (von Zeus in die Unterwelt gestürzt), ASKLEPIOS (Darstellungen mit über den Kopf gezogenem Mantel), MERCURIUS (in seiner Doppelnatur als Uroboros), ZEUS-HADES-POSEIDON (die Pferdegestalt; KRONOS zeugt CHIRON in Rossgestalt, POSEIDON wohnt Demeter als Hengst bei; Rhea gab – einer Version zufolge – KRONOS ein Fohlen anstelle des neugeborenen Poseidon und rettete diesen vor dem Verschlungenwerden.), der allsehende, alles enthüllende HELIOS-KRONOS (PHAETON, BELLEROPHON) u.v.m. (vgl. dazu von DECHEND 1994).

11 Der Philosoph Martin HEIDEGGER, dem wir später noch begegnen werden, hat einmal das *Heilige* als *Wesensraum der Gottheit* genannt und Letztere die Dimension für die Götter und den Gott. Für ihn sind wir diejenigen, die zu sein wir vermöchten, indem wir uns dem Heiligen fügen, d.h. von ihm her verwandelt werden. JUNG würde diese Aussage wohl bestätigen und vielleicht ergänzen, dass wir – sobald wir den Schatten nicht mehr von außen als bedrohlich erleben, sondern innen und unsere Beteiligung am Drama erkennen – nicht nur von dort verwandelt werden, sondern auch eine Wandlung des Ganzen bewirken.

gensetzung des fehlenden Anderen zum Ganzen ergänzt und so heilt. Das Heilige heilt. Und es heilt, indem es heiligt, d.h. die Weise gefunden wird, wie das Einseitige zum Ganzen ergänzt werden muss (FEDIER, in: PÖLTNER 1991, 44).

Ich werde versuchen, die Erfahrung von Gegensätzlichkeit und Ganzheit im Mythologem des KRONOS – so gut es mir möglich ist – deutlich zu machen, und damit auch die Unmöglichkeit betonen, Depression endgültig besiegen zu können. Ihr ist vielmehr Respekt und Mitgefühl zu zollen bzw. ist die von JUNG gewürdigte Dynamik zwischen Ich und Selbst und dem *unus mundus* als unumgängliche Bedingung unseres Lebens herauszuarbeiten. Ich werde zusätzlich zu zeigen versuchen, dass ausgerechnet die Melancholie einem *heiligen Rest* und damit einem Relationalen verpflichtet ist, das in unseren objektorientierten Krankheitsetiketten und Therapieansätzen auf der Strecke zu bleiben droht. Es erscheint mir wichtig, diesen Vorzug eines *anderen Blickes* und des Einfühlens in die Phänomene gegenüber anderen Ansätzen, die das Bildhafte eher als defiziente Phantasmen[12] abwerten, hervorzuheben.

Nach diesem kurzen Vorblick möchte ich wieder zur Komplexebene zurückkehren und davon ausgehen, dass eine Depression durch das Zusammenspiel komplexer Kräfte zustande kommt, was auch heißt, dass sie als Krankheitsbild ein *relatives* Phänomen ist: etwas, das kommt und (meistens) auch wieder geht. Ein wichtiger Schritt in Therapien ist deshalb die Einsicht, dass ihr vermeintlich absoluter Charakter ein *relativer* ist, etwas, das man wahrnehmen kann, ohne sich damit zu identifizieren oder sich davon verschlingen zu lassen. Wir können ihr, wie ein schöner buddhistischer Spruch empfiehlt, *Einlass gewähren, ohne sie zum Tee einzuladen.*

Dieser Leitspruch gilt auch für die nun folgende Vertiefung in die vier Bereiche und Antinomien der Komplexschale, die zugegebenermaßen etwas polemisch ausfallen wird. Beginnen möchte ich mit dem Quadranten II, es folgen die Quadranten III und IV und schließlich der Quadrant I. *DIE* Depression werden wir jedoch weder in Anätzen, die vom Körper, noch in solchen, die vom Geist allein ausgehen, finden. Auch nicht in Kommunikationssystemen oder in der Kultur und in Gesellschaftsformen können wir sie als etwas letzthin Fassbares dingfest machen.

---

12 Wobei freilich noch zu betonen ist, dass sich Archetypen *nicht* auf das Bildhafte, auf das so genannte *symbolisch-Imaginäre* (ZIZEK) beschränken, sondern im nicht mehr symbolisier- oder imaginierbaren *Realen* gründen und als *anthropologische Konstanten* oder *präreflexive Intentionalitäten* (vgl. BROOKE 1991) das Leben in Form von Bereitschaften strukturieren und Erfahrungen konstellieren; sie sind nicht nur *patterns of imagination*, sondern v.a. auch *patterns of behaviour.*

3. Der Komplexring

3.1. Depression als Fehlfunktion

Beginnen wir wie angekündigt mit dem zweiten Quadranten (II), mit dem Bereich also, den die Naturwissenschaften objektiv zu erfassen suchen. Hierher gehören die medizinischen Disziplinen, die Pharmakologie usw., also alle Forschungsdispositive, die somatische bzw. chemisch-physikalische Korrelate zu depressiven Phänomen in den Brennpunkt ihrer Bemühungen stellen. Depression wird als *Fehlfunktion* definiert, es geht um Repräsentationen, um Gene, um die Überaktivität der rechten Gehirnhälfte (depressive Kinder sind z.B. links vorne unteraktiv), um ein Ungleichgewicht im Cocktail der Neurotransmitter[13] usw.

Die Bemühungen, das, was wir Depression nennen, in einem materiellen Substrat zu lokalisieren, haben eine lange Tradition. Gesundheit galt bereits in der Antike als ein Gleichgewicht der Säfte. Man lokalisierte, wie gesagt, die Melancholie im Rahmen der antiken *Viersäftelehre* im Übermaß der schwarzen

---

13 *Bei depressiven Schüben passiert eine Menge. Die Funktionen der Neurotransmitter und der Synapsen sowie die Erregbarkeit der Neuronen durchlaufen Veränderungen, die Genexpression wird beeinflusst, der Stoffwechsel im Stirnhirn wird verlangsamt oder (seltener) beschleunigt, die Schilddrüse produziert mehr Hormone (TRH), in den Hirnregionen der Mandelkerne und (vielleicht auch) des Hypothalamus treten Funktionsstörungen auf, der Ausstoß des Melatonins (eines Hormons, das die Epiphyse aus Serotonin bildet) und das Prolaktin verändert sich (Laktat kann panisch machen), die Körpertemperatur sinkt im Lauf von 24 Stunden ab, die Kortisolsekretion wird gestört, der Kreislauf zwischen den Gehirnzentren Thalamus, Basalganglien und Stirnlappen unterbrochen, der vordere Stirnlappen in der dominanten Hemisphäre verstärkt, der fürs Sehen zuständige Hinterhauptslappen dagegen vermindert durchblutet und die Magensaftsekretion gesenkt. Diese Phänomene sind schwer zu deuten. Welches sind Ursachen, welches Symptome und welches nur Begleiterscheinung der Depression?* [...] *Der erhöhte Wert könnte eine verstimmende Wirkung des TRH nahe legen, doch die Verabreichung hoher Dosen davon lindert Depression sogar zeitweise ... Sich mehrende Schübe wirken selbstverstärkend, sodass sie meist im Lauf der Zeit immer schlimmer und häufiger werden ... Menschen mit genetischer Veranlagung für Depressionen sind ... wie Scheiterhaufen aus trockenem Holz, ungeschützt gegen den unvermeidlichen Funkenflug, den das Leben verursacht ... Irgendwann lösen sich die Rückfälle von allen Umständen ab. Führt man bei einem Tier täglich Anfälle herbei, so setzen diese schließlich auch ohne den Reiz von selbst ein ... wir müssen vermuten, dass auch durch äußere Tragödien ausgelöste Depressionen letzten Endes die Struktur und Biochemie des Gehirns verändern* (SOLOMON 2001, 57).

Galle (*mélaina cholé)* im Verhältnis zu Blut, Phlegma und gelber Galle (POLYBOS, *Von der Natur,* im *Corpus Hippocraticum,* 400 v. Chr.), eingebunden freilich in eine Elementenlehre, die nach und nach entkosmologisiert wurde. Wörter wie *cholan, melagcholan* waren synonym mit *mainesthai*, verrückt. Und man fragte sich, warum alle Überragenden (*perittoi*) Melancholiker wären. Eng verbunden damit war die Annahme, dass in der Natur selbst etwas Überragendes, Widernatürliches (hybris) stecke – ein Widerspruch an sich: Die schwarze Galle konnte nämlich einmal kalt (ihr natürliches Maß) sein, dann wieder warm – ungleich mit sich: Die moderne Erfahrung der Selbstentzweiung (THEUNISSEN) war geboren, Voraussetzung gleichermaßen von Selbstobjektivation wie Selbsttranszendenz. Voraussetzung auch dafür, sich mit denen auseinander zu setzen, die die *mania,* den Wahnsinn, noch bei PLATON verordnet hatten: die Götter.

Und in Zukunft? Wer weiß, vielleicht jagen dereinst medizinische Nanoroboter in noch zu entdeckenden Bahnen winzigste Depressionsverursacher oder bringen unsere Synapsen oder Gene auf Vordermann, während wir gerade auf die eine oder andere Art unserer menschlichen Verpflichtung zu Genuss und Freude – pardon *fun* – nachgehen ... Oder vielleicht gelingt es uns, einen transgenen, depressionsimmunen Klon zu züchten, nachdem wir entdeckt haben werden, dass es eine ganz besondere Spezies – sagen wir eine südchinesische Schmeißfliegenart oder einen noch zu entdeckenden marsianischen Mikroorganismus – gibt, bei der keine depressionsähnlichen Zustände nachgewiesen werden können, deren spezielles Gen XY mit unserem speziellen Depressionsgen YX kompatibel wäre? Könnten wir uns dann nicht gleich herrlich zur wohlverdienten, ewigen Ruhe betten und den Klon an unserer Stelle weiterleben lassen? Vielleicht gelingt es uns dann auch, unser Totsein irgendwie durch ein Interface mit der Welt der Lebenden verbunden zu halten und die Abenteuer unseres Klons – ja vielleicht sind es auch mehrere (vielleicht auch noch simultan erlebbar) – mitzugenießen? Wir würden vielleicht nicht einmal merken, dass wir tot sind. Und kein Problem, wenn einer der Klone ausfiele – es gibt ja genügend davon! Der Tod hätte wohl endgültig seinen Stachel verloren! Oder, um noch eine letzte Vision zu strapazieren: Vielleicht gelingt es uns irgendwann, mithilfe eines implantierten Chips in eine virtuelle Welt einzusteigen und ewig dort weiterzuleben, selbst wenn unsere leibliche Hülle samt der darin enthaltenen Seele längst schon den Weg allen Fleisches gegangen ist? Wir bräuchten unseren Körper nicht mehr, wären potentiell unsterblich, wir wären fast wie Gott – ja, wir könnten unser ganz eigenes, privates Universum kreieren, zu dem niemand sonst Zutritt hätte – außer wir entwerfen jemanden in unserem – soll ich jetzt sagen – *Geiste.* Wir könnten unendliche Freuden erleben, wären von niemandem mehr abhängig – vorausgesetzt, es gibt keinen Energieausfall im System und niemand dreht es irrtümlicherweise oder aus schlichter Bosheit oder Neid einfach ab.

Doch kehren wir zurück in die erwartungsvolle Gegenwart. Die Leistungen naturwissenschaftlich ausgerichteten Forschens sind natürlich nicht in Grund und Boden zu verdammen. Zweifelsfrei können etwa Medikamente Leben retten, unerträgliche Zustände lindern und dazu beitragen, dass manche besser mit ihrer Krankheit umgehen können als ohne Medikation. Heilen können sie jedoch nicht, da die dem Wort *heil* zugrunde liegende Intuition von Ganzheit[14] schon von vornherein aufgespaltet wurde.

Viele Betroffene ahnen, dass mitunter Medizin selbst depressogen wirken kann: Wo beginnt also die Depression, wo endet sie? Ist sie der Zustand, den die Allianz medizinischen Heilens mit der Technik beenden möchte? Oder ist sie derjenige, den diese Allianz selbst hervorrufen kann? Zur Depression gehört auch ein *tiefes Wissen um die Scheinhaftigkeit der ärztlichen Tröstungen, lediglich dein Urteilsvermögen sei getrübt. Du stehst nämlich in direkter Verbindung mit den wahren Schrecken deines Lebens* (SOLOMON). Der an einer Depression erkrankte John B. MAYS beschreibt eindrucksvoll, wie in der Medizin die *Depression als etwas Dingähnliches* betrachtet wird, das der Macht der Technik unterliegt. Der Mensch wird vollständig depersonalisiert und zum funktionsgestörten Ding derangiert. Fazit: Die Begegnung mit der Medizin ist oft genauso entmutigend wie die Depression selbst! Medizin und Depression stehen in einem engeren Naheverhältnis, als es vielen lieb ist, und zwar insofern, als Medizin immer schon durch den Kontakt mit dem kontaminiert ist, was sie auf Distanz halten möchte – den verschlingenden Moloch. Man kann Depression in dieser Hinsicht auch als *bemerkenswerte Stimme der Integrität* (GILLIGAN 1999, 48) auffassen, die verdeutlicht, dass *nichts* funktionieren wird, dass es buchstäblich zu *nichts* führt, weiter einer bestimmten – kollektiven wie individuellen – Bewusstseinshaltung und damit einem illusionären Selbstbild zu frönen. Die Depression stellt sich so gesehen als Symptom dafür dar, dass alle verabsolutierten Bemächtigungsstrategien nicht erfolgreich sein können[15].

---

14 BATESON (1993) verbindet das Erkennen von Ganzheit mit dem *Heiligen*. Wesentliche Prozesse z.B. der Wahrnehmung müssen verborgen bleiben, damit man in gesunder Weise daran glauben und vertrauen kann: *Wenn wir ein ständiges Bewusstsein von unseren bilderzeugenden Prozessen hätten, würden unsere Bilder aufhören, glaubhaft zu sein* (ebd. 130) ... *Es gibt Lücken im Prozess ... Wir sind durch eine Unbewusstheit der Lücken vor Zweifel geschützt ... Die Behauptung des Bildes qua Beschreibung der äußeren Welt erfolgt immer in einer Vergangenheitsform ... völliges Vertrauen auf das Bild ist ein Glaubensakt. Dieser Glaube ist in einem gesunden Geist unwillkürlich und unbewusst* (ebd. 139).

15 Martin HEIDEGGER hat einmal – v.a. in Hinblick auf die *Technik als realisierte Metaphysik* – die Frage geäußert, durch welche Hölle wir noch hindurch müssten, bis wir erfahren, dass wir uns nicht selbst machen (Brief an Hannah ARENDT). Im *Gestell* wird dem Menschen als *bestellendem Funktionär der Technik* alles zum bloßen

Nun, der Wunsch, das Unergründliche der Depression verstehen und heilen zu wollen, ist freilich nachvollziehbar: Wir müssen von einer grundlegenden Unsicherheit ausgehen, einem Misstrauen, das uns die Prozesse unseres Seins auf einer anderen, scheinbar tiefer zugrunde liegenden Ebene analysieren lässt, um wenigstens dort etwas finden zu können, was sicher und verlässlich ist. Wie gesagt – ein altes metaphysisches Erbe; manche (PLATON) fanden dieses gegenüber jedem Verlust Immune und letztlich Verlässliche in einer ideellen Welt der Ideen, die Naturwissenschaften suchen ihr Heil im Umgang mit der Materie. Nur bringt der Szenenwechsel natürlich wieder nichts anderes als ein Substitut hervor und dem kann man Glauben schenken oder eben auch nicht! Das Ganze wird wieder so uroborisch wie es anfänglich war. Biologische Erklärungsmodelle bannen das Unbegreifliche und Fremde, das das Bewusstsein bedrohlich in seine Sphäre zieht, in etwas Verstehbares, grenzen es ein – wie eine manifeste Phobie die frei flottierende, gegenstandslose Angst. Bewusstsein ist *apotropäisch* (JUNG), versucht *etwas*, ein Gedankenkonzept, einen Begriff, eine Vorstellung gegenüber dem Unvorstellbaren, Ungeheuren und *Realen* (LACAN) aufzurichten, an der es sich festhalten kann. Nur: Die gefundene *letzte Ursache* muss natürlich wieder in Begriffe und Sprache etc. rückübersetzt werden. Das Substitut wird also wieder substituiert. Biologische Erklärungsmodelle können sicherlich helfen, das sich als Verschulder seiner Erkrankung fühlende Ich zu entlasten; sie können jedoch auch das Gegenteil bewirken und eine ernsthafte Auseinandersetzung mit der Depression verhindern und das Ich einseitig in unmündiger Abhängigkeit halten. Genau das ist ja, wie ich vorhin ausgeführt habe, das Lebensthema des Depressiven in psychodynamischer Sicht. Denn: Es ist für unsere Arbeit eine ganz entscheidende Frage, *wie* der Einzelne mit seiner Depression umgeht, selbst wenn – das muss klar gesagt werden – die Erkrankung tatsächlich rein somatogen ist und keines exogenen Auslösers bedarf. Viktor FRANKL[16] hat das in Form des Paradoxons ausgedrückt, dass gerade die

Bestand technologischer Vernutzung, d.h. das Phänomen als solches wird *verstellt*, um sich seiner bemächtigen zu können. Verfährt man mit und auch in der Depression nicht genau so?

16 Ich habe Schwierigkeiten mit FRANKLS (1994) Meinung, dass das Krankheitsbild ein *Zerrbild des Menschseins* ist und dass es unsere Aufgabe sei, dem Patienten die *jenseits* davon liegende *unversehrte, geistige Menschlichkeit aufzuzeigen* und somit etwas in der Krankheit liegendes Echtes und Ursprüngliches, das in der Normalität verdeckt bleibt. Wichtig für unseren Kontext – neben der Betonung des Relationalen – ist die Betonung des persönlichen Freiheitsmomentes: die Freiheit, ja Notwendigkeit, sich mit dem archetypischen Feld, das wir Depression nennen, und den darin herrschenden Kräften auseinander zu setzen. Ebenso wichtig sind die Distanzierung davon, das Objektivieren des Geschehens, sogar dann, wenn man es über sich ergehen lassen muss. Diese Welt der Titanen ist um das anzureichern, was in ihr fehlt: das

Schicksalsunabhängigkeit einer Erkrankung *schicksalhaft* ist. Dass der Mensch seine Erkrankung als Schuld erlebt, als Spannung zwischen Sein und Sollen, darin *kann* bereits ein persönlicher Beitrag des Menschen, der über das rein Somatische hinausgeht, liegen.

Ein weiterer wichtiger Punkt ist nun, dass exklusiv biologische Depressionstheorien nicht das Depressive in Gesellschaft, Kultur und im Zusammenleben der Menschen anvisieren können. Sie berühren auch die Frage nach der Intersubjektivität von Verantwortung nicht! Und sie reflektieren nicht auf das – aus ebendiesem kulturellen Hintergrund erwachsende – leitende, eigene Paradigma. All die Glücklichmacher wie Prozac & Co. haben auf der Makroebene im Grunde nichts bewirkt.

Wir haben bereits gesehen, dass Depression respektive Melancholie zu vielen Zeiten eng im Zusammenhang mit der kulturellen Epoche gesehen wurden. Von unserer Zeit sagt man, dass Depression epidemische Ausmaße annehme: Wir sollten deshalb auch die Frage stellen, welche Zukunftsvisionen uns naturwissenschaftliche Disziplinen vorzeichnen und ob wir uns darin wieder finden können und wollen bzw. was wir unseren Kindern mit diesen Zukunftsvisionen eigentlich zumuten. Piet KUIPER, ein Psychiater, der seine eigene psychotische Depression beschreibt, zitiert einen von ihm vor seiner manifesten Erkrankung gehalten Vortrag: *Ich stehe nicht hier, um die Wahrheit zu verschleiern und die Wirklichkeit rosiger darzustellen, als sie ist. Wir Älteren sind nicht mehr imstande, unseren Kindern, unseren Schülern, der jungen Generation eine Welt zu bieten, in der sie sich einigermaßen sicher fühlen können, in der es sich lohnt, sich für etwas einzusetzen. Unser Auftrag kann nicht darin bestehen, Besorgnis und Schmerz beiseite zu schieben und andere zu beruhigen, unsere Aufgabe ist es vielmehr, Besorgnis zu wecken. Haben wir den Mut, der Realität ins Auge zu*

Menschliche, das, anders als FRANKL es gemeint hat, niemals etwas Unversehrtes ist, sondern etwas zutiefst Unerlöstes. Gerade JUNG hielt diesbezüglich die *individuelle Einstellung* für ausschlaggebend (vgl. dazu: RIBI 2002, 47 f), um die *Dissoziation der Persönlichkeit*, in der *die Seele* des Erkrankten enthalten ist, zu überwinden. Neurose ist insofern ein *misslungener Anpassungsversuch*, ein Versuch einer Selbstheilung, als vom Unbewussten her etwas andrängt, dessen die Person ermangelt: *Der Mensch schreckt vor einer ihm gestellten Aufgabe, die ihm möglich ist, oder vor einem Hindernis, das er bewältigen könnte, zurück und hat weder die ehrliche Selbstkritik, noch macht er verzweifelte Versuche, das Hindernis trotzdem zu überwinden, sondern behauptet billig, es sei nicht möglich. Das wirkliche Handeln wird durch eine kindliche Illusion ersetzt. Die zur Lösung der Aufgabe angesammelte Energie flutet zurück und füllt die alten Flussbetten obsolet gewordener Systeme der Vorzeit wieder auf* (ebd. 59). Insofern kann behauptet werden, dass gerade die Neurose selbst den Menschen heilt, wenn es zur Auseinandersetzung mit den konstellierten Inhalten kommen kann.

sehen, dann können wir langsam damit beginnen, das zu bekämpfen, was unser Leben vernichten und das zu erringen, was wirklich Sicherheit bieten kann. Unsere Aufgabe ist es nicht, einander zu ermutigen, den Trauerprozess abzuschließen, sondern einander zu ermutigen, den Trauerprozess zu beginnen. Es kann niemals Licht werden, wenn wir uns nicht der Wahrheit stellen, dass wir von tiefster Finsternis bedroht sind (KUIPER 1995, 24 f).

Bleiben wir also kurz bei den Zukunftsvisionen: Vor einiger Zeit lief im österreichischen TV eine Universum-Dokumentation, die die Zukunft der Erde in 100 000 000 Jahren zeigen wollte: Eine Welt ohne Menschen – unklar blieb, wohin diese verschwunden waren, vielleicht hat es sie nie oder nur als zoologische Gattung gegeben? –, belebt von neuen, monströsen Lebens- und Symbioseformen, Produkten eines Evolution genannten Vorgangs, Letzterer definiert als Wettrüsten im Kampf um Wer-frisst-wen. Das ist tatsächlich die treibende Kraft, die unsere Zukunft gestaltet? Die Produzenten dieser dreiteiligen und von Kindern gern gesehenen Reihe, wussten vielleicht unbewusst, warum sie in dieser Zukunft nicht vorkommen wollten und den Menschen herausnahmen. Ich möchte in einer solchen Zukunft auch nicht vorkommen! Das zugrunde liegende Leitmotiv dieser Zukunft ist oral, vampirhaft und von einem gegenseitigen Verschlingen geprägt – ohne das geringste Bedauern, dass es eine Tatsache menschlichen Lebens ist, dass wir dadurch leben, dass wir uns anderes Leben einverleiben. Worauf es in diesem Denken ankommt, ist die Frage nach dem je eigenen Vorteil – etwa auch in der Frage, welchen *evolutionären Vorteil* Gefühle und auch so etwas Lästiges und Unbeherrschbares wie eine Depression haben. Depressionen seien viel zu häufig, um nur einfache Funktionsstörungen oder das Resultat eines Schaltfehlers in den drei Schichten des Gehirns zu sein – Fazit: Sie müssen einen Vorteil für die Reproduktion darstellen, ähnlich dem Winterschlaf mancher Arten. Ein Rückzug, der Energie sparen hilft und Abbau von Stress ermöglicht.

Es ist signifikant, zu sehen, wie zwei Grundcharakteristka menschlichen Daseins in diesen Erklärungshorizont eingebunden werden: die *Freiheit* und die *Liebe*. In der Freiheit liege die wichtigste Ursache für das hohe Stressniveau unserer Gegenwart, da die Möglichkeiten unserer Berufs- und Partnerwahl, unserer Freizeitgestaltung und weltanschaulichen Orientierung Schwindel erregend vielfältig sind – bei gleichzeitigem Verlust grundlegender Sicherheiten und Unverbindlichkeit in all diesen Bereichen; im Vergleich zu früheren Epochen haben wir ein Schlaraffenland des Überflusses vor Augen und bekommen im Grunde eigentlich nichts, das uns von Grund auf nähren würde. Was wir dagegen bekommen, ist die oberste Direktive des Supermarktes, was und in welchen Bahnen wir zu wünschen, zu begehren und zu konsumieren hätten – und freilich: dass wir es zu bezahlen hätten. Die uns in diesem Überfluss von Reizen und Informationen ereilende Depression wäre so etwas wie der gesunde Ausstieg aus dem Supermarkt: ein Innehalten, ein Ausschlafen des Rausches, betäubt von Tranquilizern – freilich ein uroborischer Inzest – ein Ausstieg aus dem Supermarkt. Nur: ein Ausstieg wohin? Um sich dann, erneuert und gestärkt wieder ins Konsumabenteuer kurzzeitiger Befriedigung zu stürzen und – der statistischen Norm entsprechend – 1,4 Nachkommen in den Supermarkt gesetzt zu haben, bevor man sich endgültig in die ewigen Jagdgründe begibt, die übrigens auch als Super-Supermarkt vorgestellt werden? Ein Ausstieg aus der globalen Psychose in die Psychose der Depression? Zeichnet sich hier nicht eine *Einheitswirklichkeit* ab, aus der es keinen Ausstieg gibt, da ihr jedwede Transzendenz mangelt? Erinnert uns all das, was ein selektiver Vorteil sein soll, nicht genau an die psychodynamische Ausgangslage der Depression? Die *ungenügende Liebesfütterung*, die ein unendlich bedürftiges und folglich abhängiges Wesen sich selbst überlässt und es zugleich ausbeuterisch in Abhängigkeit hält, da es eigentlich den Supermarkt ernährt und nicht umgekehrt. Im Supermarkt werden wir – nennen wir es beim Namen – mit Schrott gefüttert, mit Produkten, die möglichst billig produziert und uns möglichst teuer angedreht werden – wobei es im Grunde genommen egal ist, ob sie gesund oder ungesund sind; uns wird absichtlich und mit Vorsatz geschadet, und unsere Politik wird von ebendiesem Moloch dominiert. Dazu passt, dass die in der westlichen Welt tatsächlich herrschende Religion der Kapitalismus ist: Er dient, das hat schon Walter BENJAMIN 1921 herausgearbeitet, essentiell der Befriedigung derselben Sorgen wie ehemals die Religionen, markiert aber im Unterschied zu diesen die *Unmöglichkeit von Erlösung*. Die säkularisierte Religion des Kapitalismus[17] dynamisiert die für die tra-

17 Vgl. dazu: *Die marktradikale Utopie totalen Unternehmertums muss die sterblichen, bedürftigen, aufeinander angewiesenen, nur begrenzt rational handelnden Individuen überfordern. Eine derart zugespitzte Gesinnungsethik des Geldes muss ... zu unlösbaren Konflikten mit den Anforderungen des alltäglichen Lebens führen. Wirklichkeitsverlust, Zynismus und Heuchelei sind die Folge. Die Überforderung der Akteure mit einem Übermaß an Unsicherheit droht, das Wirken der Mythenspirale und mit ihr den Prozess schöpferischer Zerstörung zu paralysieren. Die den Kapitalismus regierende Gottheit wird nicht etwa enthüllt. Sie wird unsichtbarer und weniger ansprechbar denn je und kann nicht länger Orientierungen für das alltägliche Handeln bieten. Aus den Krisen, die der Gesellschaft vielleicht bevorstehen, werden indessen keine neuen Utopien heraushelfen. Was dann auf der Tagesordnung steht, könnte vielmehr das Gegenteil sein, nämlich Ernüchterung und Entwöhnung. Benjamin könnte Recht haben mit seiner These, dass der Gesellschaft nach dem Niedergang der traditionellen Religionen die eigentliche religiöse Desillusionierung erst noch bevorsteht: der Abschied von der Religion des Kapitalismus. Damit endlich könnte jener Traum wahr werden, der in den nationalökonomischen Lehrbüchern steht: dass Geld nichts anderes sei als ein Tauschmittel zum Zweck der Befriedigung der Bedürfnisse endlicher Menschen* (DEUTSCHMANN, in: BAECKER 2003, 173 f).

ditionellen Religionen konstitutive Unterscheidung von Immanenz und Transzendenz: Die Überschreitung der irdischen Grenzen im Prozess schöpferischer Zerstörung und Neukonstruktion wird zur permanenten Aufgabe und mündet *nicht* in Erlösung, sondern in einer unendlichen Verschuldung. Nur: Verschuldung *wem* gegenüber?

Ich glaube nicht, dass diese düstere, von mir gezeichnete Sicht des *Supermarktes* als Schattenprojektion eigener, abgewehrter aussaugender Seiten zu bagatellisieren ist, in dem Sinne, dass ein depressiv Strukturierter die Außenwelt bloß aus der oralen Perspektive gleichsam oral-dämonisiert (KLEESPIES 2001,172) und verschlingend erlebt. Der Moloch ist tatsächlich einer unserer kollektiven Schattendämonen. Die Lieblosigkeit dieses Molochs, der uns Happen in den Mund stopft, indem er uns verschlingt, ist zutiefst deprimierend, und wir sind weit davon entfernt, in der Liebe *die Enthüllung der Freiheit des anderen* zu erleben, wie KERNBERGS (1998, 73) feinsinniger Satz nahe legt. Liebe als Enthüllung der Freiheit des anderen hat zur Voraussetzung, dass das nach Erfüllung (und nach Zerstörung des begehrten Objekts) strebende Begehren in Schach gehalten werden muss.

Davon sind wir hier weit entfernt, wenn wir erkunden, wie das zweite Grundcharakteristikum menschlichen Daseins in das evolutionäre Modell eingebunden wird. Dieses ist – und es handelt sich um keinen schlechten Scherz – eben die Liebe, nun aber i. S. eines *Vorteils im Ausleseprozess*. Begründet wird dies damit, dass die evolutionäre Selektion etwa die liebende Mutter begünstigt, die ihren Nachwuchs vor Räubern schützt, ihn pflegt und nährt und dadurch größere Aussichten haben soll, ihr Erbgut weiterzugeben. Sehen wir einmal von der tatsächlichen Unmöglichkeit ab, *unser* Erbgut weitergeben zu können, als stünde dies in unserer Verfügungsgewalt, als wäre es eine bewusste Entscheidung, als könnten wir nur annähernd ermessen, was wir da weitergeben. Sehen wir auch davon ab, dass selbst Reptilien Brutpflegeverhalten zeigen und es also unklar ist, warum überhaupt so etwas wie der Mensch aus der Evolution hervorgegangen sein soll. Wovon wir nicht absehen können, ist jedoch, dass menschliche Qualitäten bereits vorausgesetzt werden, um dann im Vormenschlichen nachgewiesen zu werden. Menschwerdung ist, wie SLOTERDIJK (2001, 155) richtig betont, *Weltwerdung* und insofern immer auch eine *Eigenleistung* (ebd. 162), da sie sich einer *Raum*bildung verdankt, in der sich ein Großteil der typischen Humaneigenschaften in Form von *gruppenimmanenten Evolutionen* (ebd. 177) eben als *Insulation* (MILLER) gegen den Selektionsdruck ausbildet.

Liebe, die sich um den anderen kümmert und sorgt, werden wir später mit Melanie KLEIN als etwas thematisieren, das eng an die Wahrnehmungen von Bedürftigkeit, Bedrohtheit des anderen und an die Wahrnehmung eigener Destruktivität gebunden ist. Depressiv werden vor allem gerade solche Wesen, die auf andere bezogen sind, die lieben können und infolgedessen verwundbar sind. In der Depression liegt also von vornherein *mehr* als ein bloßes Innehalten analog einer Ruhepause. Aus BOWLBYS Säuglingsstudien wissen wir, dass Kinder ein angeborenes Bindungs- und Beziehungsbedürfnis haben, das sich explizit in Verhaltensweisen äußert wie gelegentlichem Schauen und Horchen, wo die Mutter ist, usw. Mutter wie Kind sind, jungianisch gesprochen, in ein komplexes archetypisches Feld eingebunden, das beide sich aufeinander beziehen lässt und das die Basis für das Bindungsverhalten des Heranwachsenden ausmacht. Dieses Bindungsbedürfnis ist ebenso elementar wie etwa das Bedürfnis nach Nahrung, ja vielleicht sogar elementarer, wie wir aus den Studien von SPITZ wissen: Kinder verweigern nach einer bestimmten Zeit des Verlassenseins die angebotene Nahrung und gehen buchstäblich zugrunde. Was wir daraus schließen können, ist, dass Liebe, Verbundenheit und Sorge um den anderen einander wechselseitig bedingen und nicht nur Sache einer liebevoll sich aufopfernden Mutter sind, deren unbewusstes Ziel darin besteht, selektionserfolgreiche Gewinnertypen ins Rennen zu schicken. Beim Thema Liebe im Dienste der Reproduktion drängt sich mir deshalb die Frage auf, ob im Wort *Re-Produktion* nicht selbst schon ein Versuch dessen enthalten ist, was man herkömmlicherweise mit *Trauerarbeit* meint: die *Beibehaltung von Ähnlichkeiten* (BATESON 1993, 141), eine Substitution über den Verlust hinaus, imaginäre Verkennung und Erfassen des anderen nach dem eigenen Bild (LACAN 1997, 111), wobei freilich das vermeintlich eigene Bild je immer schon nach dem Bild des anderen geschaffen wurde.

Der Zukunftshorizont, der in diesen oralen Weltentwürfen als unser *letzter* Horizont propagiert wird, ist zutiefst erschreckend! Es ist nicht von ungefähr, dass es zahlreiche Science-Fiction-Szenarien gibt, in denen unendlich böse Aliens, Menschen verschlingende Monster (z.B. *Independence Day* – man beachte die *Unabhängigkeit* im Titel!) die Weltherrschaft übernehmen wollen. Es fehlt leider die Demut und Erleuchtung, dies richtig zu verstehen, solange es siegreiche Weltpolizisten gibt, die die Übernahme der Erde gerade noch verhindern können, indem sie den Feind draußen vernichten, statt ihn im eigenen Inneren wahrnehmen zu können. Leider ist auch dies ein endloses Unterfangen, denn die Tiefen des Weltalls sind unauslotbar. Die Tatsache, dass es Phänomene wie Liebe, Trauer und Bezogenheit in unserer Welt gibt, lässt erkennen, dass es andere archetypische Potenziale geben muss, die das Kreisen des Molochs in Mythos wie Definition je immer schon übersteigen. Wir werden gerade im Zusammenhang mit der Melancholie nach alternativen Zukunftsentwürfen zu fragen haben, um das Depressive mit dem Melancholischen zu versöhnen.

Wir dürfen uns nicht wundern, dass unsere Kinder kaum noch Dankbarkeit und authentische Freude empfinden können und nach immer *mehr* verlangen, obwohl sie oberflächlich gesehen mehr haben als alle Kinder je vor ihnen. Wir dürfen uns nicht wundern, dass unsere Kinder die einzige Transzendenz und Wandlungsmacht, der sie vertrauen können, in den virtuellen Welten des Cyberspace suchen, in denen sie süchtig nach Spielen werden, in denen es ums Fressen und Gefressenwerden geht, in denen sie überleben, selbst wenn ihr virtueller Avatar getötet wird und sie durch Knopfdruck das Spiel erneut starten – was heißt, dass es eigentlich egal ist, ob sie gewinnen oder verlieren, denn es kommt in keinem der Fälle zum ersehnten Wandlungsereignis und die Sucht wird weiter genährt. Und wir dürfen uns auch nicht wundern, dass wir bedürftige Seelenkrüppel heranziehen, die nichts zu geben bereit sind, denen der andere, der Nächste, der Mitmensch, ja die eigenen Eltern[18] nichts zählen – denn: Diese Kinder zählen selbst nichts, man hat ihnen selbst nichts gegeben – paradoxerweise, indem man ihnen oftmals zu viel gegeben hat. All unsere individuellen Anstrengungen ändern daran kaum etwas, solange wir gebunden an den Horizont des Molochs bleiben.

Ich diskutiere hier ja die These, dass die mythologische Rede vom *Goldenen Zeitalter*, das im Mythos unter der Regentschaft des KRONOS steht, als prägende, unbewusste Dominante[19] unserer Gegenwart anzusehen ist, weil es kollektiv noch zu keiner Synthese zwischen Unbewusstem und Bewusstsein kommen konnte, da die kollektive Bewusstseinsdominante *zu schwach* scheint, der Begegnung mit dem Unbewussten standhalten zu können. Meiner Meinung nach bedarf es hier einer Individuationsleistung: Es bedarf, in die *Depressive Position* nicht nur gegenüber dem realen, persönlichen, sondern gegenüber dem *kollektiven* Väterlichen zu kommen, das als Paradigma der *Verlassenheit* erkannt wer-

---

18 Vor kurzem lief im österreichischen TV ein Werbespot, bezeichnenderweise im Supermarkt: Ein Kind nimmt dem Vater etwas aus dem Einkaufswagen und legt es zurück ins Regal, weil vorher der Vater ihm etwas vorenthalten hat. Das Motto lautete: *Wollen sie wirklich von der Großzügigkeit ihrer Kinder abhängig sein*? Nun, wir können das so verstehen, dass wir unsere eigenen Lebensversicherungen anlegen und uns so die Fiktion von Sicherheit aufrechterhalten müssen. Wir könnten das Zurücklegen in das Regal im Supermarkt aber auch prospektiv als ganz gesunde Geste der Wandlung und der Aufforderung nach bewusster Durchdringung verstehen, und nicht als jene böswillige, gierige und rachsüchtige Geste, die uns der Werbespot vorschlägt!

19 Im *Mysterium Coniunctionis* wurde von JUNG das Motiv der *Königswandlung* als Wandlung einer *Bewusstseinsdominante* ausführlich beschrieben. Die alchemistische Symbolik drückt diese Wandlung in vier Zuständen aus (JUNG 1990, 133): *Ichhafter Zustand mit schwacher Bewusstseinsdominante* (der altersschwache König – 1), das *Heraufsteigen des Unbewussten*, der Untergang des Ich (der König löst sich auf – 2), Konflikt und *Synthese zwischen Bewusstsein und Unbewusstem* (Schwangerschaft etc. – 3) und *Entstehen einer neuen Dominante* (der Königssohn, Selbstsymbole – 4). Die herrschende Dominante unserer Gegenwart erschöpft sich meiner Meinung nach zwischen den ersten beiden Punkten.

den muss, um nicht dessen Macht- und Ohnmachtsgebaren unbewusst agieren zu müssen. Damit könnten vielleicht auch die *Hysterie* (die Suche nach einem Herren, um gegen ihn aufstehen zu können) und der *Zwang* (die schuldbeladene Identifikation mit dem toten Herren und die Unterwerfung unter ein tödliches Leistungsprinzip) an ihr Ende kommen. In Bezug auf die Gegenwart heißt das: Solange wir die sich daraus ergebenden Konsequenzen nicht verstehen, solange wir selbst alles haben wollen, solange wir unsere dynamische Vielfalt durch dieses Alles-haben-Wollen – also paradoxerweise durch häppchenweise, ewig wiederkehrende Konsummomente – einschränken, ebenso lange können wir auch unseren Kindern nichts wirklich geben. Wir leben gewissermaßen das, was wir den so genannten Psychotikern vorwerfen: einen psychotisch anmutenden *kannibalistischen Konkretismus*, der nicht zur symbolhaften, transzendierenden Ebene vordringen kann.

Vielleicht ist, so möchte ich etwas vorgreifen, die *Unendlichkeit melancholischer Trauer* nicht nur die Weigerung, den Verlust eines endlichen Objektes oder Ereignisses in der Trauerarbeit zu verarbeiten, d.h. zu *verdauen*, bis das nächste Objekt in der Rekonstruktion ebendesselben oralen Welthorizontes zur Befriedigung unserer Bedürfnisse bereitsteht, sondern vielleicht ist Melancholie die einzig angemessene Reaktion auf die Bodenlosigkeit, mit der wir realiter zu leben haben. Wir müssen also das Moment der *Trauer neu bedenken* und es gegen herrschende Meinungen als *nicht mehr objektgebundene* Trauer verstehen lernen, ebenso müssen wir verstehen lernen, dass darin die Vision von einem besseren Leben enthalten ist und dass eigentlich um eine *ganze Welt* getrauert wird. Vielleicht ist der Drang nach etwas Unzerstörbarem und Absolutem nicht nur eine zu überwindende Illusion unreifer Seelen, sondern im Gegenteil der Ausdruck einer sich anbahnen wollenden Bewusstseinsdominante. Nehmen wir an dieser Stelle ein kurzes Zitat mit auf den Weg: *Je mehr der Mensch zum Menschen wird, umso unbedingter wird er fordern, dass er sich nach etwas grenzenlos und unzerstörbar Neuem hinbewegt* (De CHARDIN 1994, 237). Vielleicht dürfen wir auch noch jene Stelle in den *Erinnerungen* (JAFFÉ 1982, 342) einbeziehen, in denen JUNG über eine ferne Zukunft orakelt, obgleich er betont, dass er darüber kein *objektives* Material habe: *Hierüber herrscht Schweigen in mir.* Er bezieht sich auf das *urtümliche Bild eines Schöpfergottes*, der in einer fernen Zukunft dem *Anthropos* gegenübertreten wird. Gemeint ist das auf das Äon des Wassermanns folgende Äon des *Capricornus* oder *Aigokeres* – des *Ziegenfisches*, der Berg und Meerestiefe vereint; Aquarius, die auf das Äon der Fische folgende Menschengestalt, gießt seinen Krug in den Mund des Südlichen Fisches – und dieser ist ein Sohn, ein noch Unbewusstes. Diese Textstelle mag esoterisch anmuten und darf es auch. Nachdenklich stimmt jedoch, dass der erwähnte *Capricornus* eine teriomorphe Erscheinung des KRONOS ist. Vielleicht ist diese Zukunft gar nicht so fern, wie JUNG meinte.

Kurz reizt es mich noch, zu fragen, welchen selektiven Vorteil Denker wie Teilhard de CHARDIN oder der ehemalige, posthum mit dem Friedensnobelpreis geehrte Generalsekretär der UNO, Dag HAMARSKJÖLD, uns zu bieten haben. Ich ahne die Antwort: Nämlich, dass Denker, die ein humaneres, utopischeres Modell als das geltende stiften, der Menschheit sehr wohl beim Überleben helfen; dass es also durchaus evolutionär vertretbar ist, wenn solche Querdenker zum Evolutionsprinzip nicht gleich ausgemerzt werden! Dass es sie geben darf, damit andere etwas davon haben. Irgendwie muss es also auch um ein Überleben von Ideen und Idealen gehen – und nicht nur um die Weitergabe von Erbmaterial. Aber keine Sorge: Im Falle HAMARSKJÖLDS hat das grobmaterialistische Evolutionsprinzip sich ohnehin bestätigt. Er wurde buchstäblich *vom Himmel* geholt (sein Flugzeug wurde abgeschossen); vorher hatte er z.B. freilich noch die Idee zu der Friedenstruppe der UNO, den Blauhelmen, in die Tat umgesetzt und der Nachwelt hinterlassen.

Gehen wir von diesem düsteren Bild des Quadranten II weiter, in dem bereits der Zusammenhang mit den beiden weiteren Quadranten – aber auch ein diese übersteigender Hoffnungsschimmer – vorgezeichnet war: Es ist einsehbar, dass der einzelne Mensch nie wirklich isoliert und autonom dasteht und dies auch nicht sein kann. Man bedenke, dass jeder Mensch in eine bestimmte kulturhistorische Epoche, in eine Sprache und Weltbilder, in eine bestimmte Gegend, in bestimmte Verwandtschaftsverhältnisse und in einen bestimmten Körper hineingeboren wird, in Gegebenheiten, die er sich – so man nicht pränatale, karmische Vorentwürfe annehmen möchte – nicht selbst ausgesucht hat. All diese angesprochenen Vorgaben sind wesentlich an unserer Selbstkonstitution beteiligt – unser Selbstverständnis ist immer irgendwie *vermittelt*. Selbst die autistischen Welten des Cyberspace kommen nicht ohne *Vernetzung*, d.h. nicht ohne Verbindung zum anderen, aus.

3.2. Depression als Text im Text

Wenden wir uns nun dem dritten (III) und vierten (IV) Quadranten zu. Beide sind schon in der Verbindung biologischer und sozialer Aspekte der Depression angeklungen. Der erste Bereich ist der Bereich der Intersubjektivität, der Bereich der gemeinsamen Sprache, Kommunikation und Kultur, des gegenseitigen Verständnisses und kollektiv-verbindlicher Weltentwürfe; der Bereich des *Wir* – getragen und mitkonstituiert freilich von einzelnen Subjekten und deren Erfahrung. Der zweite ist der Bereich des *funktionellen Passens* und der sozialen Rollen in sozialen Systemen, der interobjektive Bereich. Depression wird in beiden als *Kommunikationsmodell* gesehen, das Verhalten in Systemen und Strukturen, aber auch das Verhalten von Systemen und Strukturen steuert – vom Kleinverband der Familie bis hin zum gesellschaftlichen Gesamtkomplex. Nun: Die Art und Weise, wie Depression erlebt und mitgeteilt wird, wie über sie gedacht wird, welche Theorien gebildet werden, ist auch durch diese Bereiche mitgeprägt. Theorien sind Teil einer Kultur, bedürfen einer Sprache, um ausgedrückt zu werden, rekurrieren auf eine mit dem Kollektiv geteilte und kommunizierbare Erfahrungswelt mit bestimmten Rollenbildern etc.

Depression wird unter diesem Gesichtspunkt als *Kommunikationsmodell*, als *Sprache*, als *Asozialität*, als *Fähigkeit, mit Krisen umzugehen*, als *erlernte Hilflosigkeit*, als *psychosoziales Problem*, als *biosozialer Schutzmechanismus*, als *Sprung im Machtgefüge*, als *Todsünde*, als *unkritische Teilhabe an monopolartigen Beziehungen* usw. definiert. Ich habe dieses Kapitel *Depression als Text im Text* betitelt, da es wesentlich um Sprache und um Sprachwelten, die wir bewohnen, geht. Sprache selbst jedoch kann man insofern bereits als Form von Trauerarbeit ansehen, als sie etwas ist, das etwas dem kollektiven Gedächtnis aufbewahrt, was als unmittelbares Ereignis vorbei und vorüber ist, indem sie ein X durch Zeichen ersetzt und so gewissermaßen vor der Vergänglichkeit rettet. Beim heranwachsenden Menschlein trägt die Fähigkeit zur Symbolisierung, zur Sprach- und Gedächtnisentwicklung und die damit verbundene Substitution bekannterweise Unverzichtbares bei. Der Mensch als Sprachwesen begreift sich und die Realität über die – immer von anderen vermittelte – Sprache, d.h. nicht mehr *unmittelbar*, sondern *mittelbar* beschreibend und auch be-schrieben[20]. Unser Ich ist intersubjektiv verfasst.

---

20 In der neueren Psychoanalyse spricht man deshalb auch von der *Psyche als Text* oder Schrift und betont so diesen intersubjektiven Charakter: Wir sind gewissermaßen Beschriebene, in die sich persönlich-individuelle andere (Eltern) und auch das kollektive Andere eingeschrieben haben – was ein weitreichendes Problem aufwirft, denn die von den anderen in unserem Text hinterlassenen Spuren sind im Grunde genommen Spuren von deren Abwesenheit. Auf einer ganz simplen Ebene meint es, dass wir sprachlich über etwas verfügen können, das im Jetzt gar nicht da sein muss. Alles ist dadurch in eine Nähe getreten, die dennoch Distanz bedeutet – Distanz, wie gesagt, auch zu uns selbst. Für viele liegt darin das *Grundcharakteristikum modernen Bewusstseins* seit DESCARTES: ein Ich, das Ich ist, indem es sich von sich selbst distanziert und sich selbst – wie alles andere auch – wie ein Objekt thematisieren kann. Genau dies ist auch die Basis wissenschaftlichen Denkens. THEUNISSEN, ich habe es bereits erwähnt, hat deswegen die antike Melancholie als Vorentwurf zur Moderne und ihrem Grundparadoxon des Über-die-Selbstentzweiung-zu-sich-Kommens gewürdigt. Betonen wir hier das Moment der Entzweiung und betrachten wir es im Hinblick auf eine Sicht der Depression als eines psychosozialen Phänomens, also vor dem Hintergrundwissen der Sozialwissenschaften, dass Individuum und Kultur un-

Typische Fragestellungen in den Bereichen III bzw. IV lauten: *Welche Rolle spielen soziale Systeme* wie Familie, Gesellschaft etc. bei der Entstehung, Aufrechterhaltung, beim Umgang, bei der Rollenzuteilung, in den Erklärungsmodellen usw. im Zusammenhang mit Depression? *Jede* Kultur bringt ihre eigenen Neurosen/Psychosen hervor, d.h. die je eigene *schickliche Art, verrückt zu sein* (DEVEREUX), die freilich auch einen gewissen gesellschaftlichen Status gewährt. Doch nicht nur das Einzelindividuum, auch jede historische Schicht, die etwas verloren hat, äußert sich melancholisch: der entmachtete Adel im absolutistischen Frankreich, die ausgeschalteten politischen Schichten im Deutschland des 18. Jahrhunderts usw. Wo soziale Handlungsspielräume eingeschränkt wurden, wächst entweder der Anpassungsdruck oder die Bedeutungslosigkeit des eigenen Tuns – Fazit: Beides generiert eine *Welt ohne Überraschungen* (LEPENIES), mit einem hohen Grad an Ordnung; je höher dieser Grad ist, desto anfälliger wird das System insgesamt, da alle Einzelhandlungen immer genauer abgestimmt werden müssen.

Eine weitere wichtige Frage wäre: *Welche Rolle spielt der Depressive in diesen Systemen*? Man sagt den Depressiven nach, dass sie an den Folgen einer gescheiterten und *unkritischen Teilhabe an begrenzten und monopolisierten interpersonellen Beziehungen* leiden (vgl. COYNE 1987). Kleinfamilien bieten nämlich nur eine begrenzte Anzahl von Objekten und damit verbundenen Bedeutungen; es geht also nicht eigentlich um Objektverlust, sondern um den Verlust der mit den Objekten zusammenhängenden Bedeutungen. Großfamilien erlauben Kleinfamilien gegenüber, mehr bedeutungsvolle *Bindungen* einzugehen, mit der Folge, dass die Mitglieder der Großfamilie weniger depressionsgefährdet sein sollen. Auch Depression selbst kann einen Stabilisierungsfaktor in Beziehungen darstellen. Ehen endogen Depressiver werden kaum geschieden (Manien zerstören sie) – trotz des *Teufelskreises in der Kommunikation*: Die Angehörigen neigen zu stärkerer Kritik und Selbstrechtfertigungen, dadurch kommt es zu einer verstärkten gegenseitigen Verunsicherung und blockierten Kommunikation usw.

Natürlich sind Erkenntnisse wie diese ernst zu nehmen, nur: Man darf sie nicht verabsolutieren und kulturelle Bedeutung, propositionale Wahrheiten und persönliche Integrität auf *funktionelles Passen* i.S. eines letzten Wahrheitskriteriums verstehen. Wir stehen hier vor einer eigentümlichen Dialektik, die sich freilich nicht in eine Synthese auflöst: Depression, der *Subtext im Text*, ist einerseits als *Kritik an der Gesellschaft* zu verstehen. Als solche entlarvt sie die Doppeldeutigkeit moderner individualistischer Ideologie: Eine Gesellschaft, die Wert auf Konsum und Koordination legt, eine Gesellschaft, in der alles, all die uner-

---

trennbar sind, oder – wie JUNG es ausdrückte: *Die kollektive Situation spiegelt sich in jeder Neurose.*

setzbare und einmalige Schönheit des Lebens, zu Rohmaterial für Konsumgier degeneriert – eine solche Gesellschaft kann *keine* Individuen hervorbringen, obwohl sie gerade das zu tun vorgibt. JUNG hat die individualistische Ideologie im Politischen folgerichtig als eine Art Kompensation der tatsächlich stattfindenden Vermassung angeprangert (JUNG 1995). Für das Einzelindividuum heißt das, dass die einzige Art und Weise, tatsächlich ein Individuum werden zu können, in der Isolation liegt. Eine Depression kann so gesehen als Sub-Kultur innerhalb der Kultur aufgefasst werden, durch die der Einzelne – freilich um einen hohen Preis – gerade vom gesellschaftlich diktierten Individualismus befreit wird. Dabei kommt nicht nur den Bildungen des Unbewussten, sondern auch der Sprache eine wichtige Rolle zu. John Bentley MAYS, der seine nicht psychotische, aber dennoch ernste Depression in dem Buch *In den Fängen der schwarzen Hunde* schildert, thematisiert Depression als *Sprache der Selbstbestrafung*, als Versuch, das Unsichtbare, Unfassbare sicht- und lesbar zu machen. Sein Wunsch, durch die Sublimation und den Objektivierungsvorgang des Schreibens von ihr frei zu werden, verbindet sich rasch mit der Einsicht, es dennoch nie schaffen zu können. Depression ist von der Sprache her ein *Diskurs*, etwas, das *ihn schreibt*, indem sie ihn paradoxerweise *ausstreicht*. Depression als Diskurs meint auch, dass sie eine Form von Sprache ist, die uns davon abhält, irgendjemandem oder irgendetwas anzugehören, indem sie dem Bewusstsein einredet, seine einzige wirkliche Möglichkeit liege in einer totalen Isolation. Es scheint, als wäre in diesem Fall Martin HEIDEGGERS Aussage zu bestätigen, dass nicht *wir* eine Sprache sprechen, sondern dass die Sprache *uns* spricht. Betrachtet man den Kinder verschlingenden KRONOS als Garanten der symbolisch-sprachlichen Ordnung, so lässt sich behaupten, dass wir gewissermaßen Wesen sind, die von der Sprache verschluckt sind, um überhaupt Mitglied einer Sprachgemeinschaft sein zu können.

Einerseits haben wir also Depression als Kritik an der Gesellschaft und ihrer Ideologien zu würdigen, andererseits haben wir auch schon gesehen, dass die Depression selbst einer massiven Kritik seitens der Gesellschaft ausgesetzt ist. Ich habe bereits darauf hingewiesen, dass etwa die mittelalterliche *Acedia* als Provokation jedweder gesellschaftlichen und v.a. theologischen Ordnung, als *Sprung im Gefüge der Macht*, galt. Desgleichen war die Melancholie das erklärte Feindbild der Aufklärung. Selbst FREUD diskriminiert sie noch als *Asozialität*, und heute, nachdem sich die hohen Ideale der Aufklärung und alle utopischen Hoffnungen angesichts des tatsächlich Machbaren ad absurdum geführt haben, spricht man wieder von einer *postmodernen Melancholie*, die die Zerrissenheit ehemals vermeintlich geschlossener Kontexte widerspiegelt, respektive von der *Melancholie als postmodernem Bewusstsein* schlechthin, als jenem Medium, um die postmodernen Zersetzungsprozesse zu interpretieren. Was bei dieser Dialektik der Vorwürfe verabsäumt wird, ist, den gemeinsamen Boden des gegenseitigen Vorwurfs auszuloten, der darin besteht, dass die Sprache uns je immer schon *verschluckt* hat und dabei selbst etwas ist, das in einer Art *Trauerarbeit* Abwesendes im Zeichen repräsentiert, ontologisiert und damit verfehlt. Sprache *verspricht* etwas, das es als Unvermitteltes nicht (mehr) gibt bzw. gar nie gegeben hat – und damit verspricht *sie* sich (DERRIDA).

3.3. Depression als Urverstimmung

3.3.1. Im Schatten des Objekts

Dies ist nun der Bereich des ersten Quadranten (I), der Bereich der Innenwelt und ihres individuell-subjektiven Wahrheitsanspruchs und Selbstausdrucks, der Bereich eines Wesens, das *ich* zu sich sagt, erlebt und sich mitteilt. Zu diesem Quadranten gehört also, wie eine Depression subjektiv erlebt wird – als *Wüste, Nacht der Seele, Begrabensein* etc. Man könnte von einem *analogen* Ansatz sprechen, der die Ganzheit des Erlebens der Depression als kognitiv-affektive Organisation beschreibt und nicht bloß digital einzelne Punkte – wie Suizidneigung, Schlafverhalten u.ä. – abfragt. Dennoch ist zu beachten, dass wir auch hier nur Beschreibungen von etwas finden, das als solches nicht zu lokalisieren ist: Die Depression ist nicht das Bild, das wir uns von ihr machen! Auch die so genannte Ich-Sprache ist eine Es-Sprache. Ihr begegnen wir nicht nur in den berichteten Krankengeschichten, sondern auch im theoretischen Diskurs der tiefenpsychologischen und psychoanalytischen Schulen über diese *Urverstimmung* (FENICHEL); ihnen möchte ich mich nun zuwenden. Im Mittelpunkt steht dabei vor allem jener Grundbegriff des *Objektes* und die These FREUDS, dass *jede dem Menschen mögliche Weise, das Objekt zu finden, immer nur die Folge einer Strebung ist, bei der es um ein verlorenes Objekt geht, um ein Objekt, das wiederzufinden ist ... das Objekt der ersten Entwöhnung ..., das zunächst der Anknüpfungspunkt der ersten Befriedigung des Kindes war* (LACAN 2004, 13 f).

Damit ist der Objektbegriff von Anfang an im Rahmen einer *zutiefst konflikthaften Beziehung des Subjekts zu seiner Welt* (ebd. 15) angesiedelt, da erstens eine *Frustration* im Mittelpunkt steht und es zweitens *keine prästabilierte Harmonie* zwischen Objekt und Bedürfnis geben kann. Das Objekt selbst ist für manche Theoretiker bereits Ergebnis einer Spaltung in der Erfahrung des *Nebenmenschen* und imaginäre Fixierung innerhalb der Lust-/Unlustkoordinaten (LACAN 1996, 66). Auf der Strecke geblieben ist dabei das unfassbare *Fremde*, das *Ding*, als jene *Leerstelle im Realen*, um die herum sich das Subjekt als *Abwehr* und im Rahmen einer bestimmten Neurosenwahl (ebd. 69) strukturiert. In diesem Zusammenhang ist die Genese des Begriffs *Ding* (neben HEIDEGGER) von FREUDS *Nebenmenschen* aus nicht uninteressant – und damit eine jüdische Beerbung: Im Hebräischen wird der Nächste, *rea*, gleich geschrieben wie der, *der dir Böses tut*. Auch neue Objekte werden bloß in einer Art Substitution auf der Suche nach dem verlorenen Objekt gefunden. Genau darauf, auf einer prinzipiellen Ersetzbarkeit der Objekte als Substitute für etwas Unersetzbares, das es im Grunde in der Fülle seiner Präsenz auch nie gegeben hat, da die reale, direkte Beziehung durch eine Verkopplung von Anwesenheit und Abwesenheit geprägt ist, beruht auch der Begriff der *Trauerarbeit*. Die Realitätsmächtigkeit des Ich kommt durch die symbolische Wiederholung des frühen Trennungserlebnisses zustande[21].

Dieses erste Objekt, das eigentlich noch gar kein Objekt ist, ist natürlich die *Mutter* und der Fokus der frühen Psychoanalyse lag auf dem unbewussten Ambivalenzkonflikt zwischen Liebe und Hass des Kindes dieser präödipalen Mutter gegenüber. Depression ist demnach die *Folge einer Triebregression* auf das Niveau prägenitaler Phantasie. Symptome werden als sinnvoller Ausdruck widersprüchlicher, konflikthafter Triebregungen interpretiert, die verschleiern, dass es um einen *Angriff auf das verlorene Objekt* geht (der Suizid ist z.B. eine Verkleidung des Wunsches, den anderen zu töten, die Selbstvorwürfe sind entstellte Aggressionen und Versuche der Vernichtung des Objekts). FREUD hatte den Zusammenhang von Objektverlust, Introjektion und Minderung des Selbstwerts hergestellt und ABRAHAM hatte Hemmung der Aggression und Wendung nach innen thematisiert. Beide beobachteten eine Steigerung der *Oralität* bei der Melancholie (Verweigerung, Heißhunger = Einverleibung, kannibalistische Wahnideen, Trauminhalte, Lutschen, Phantasien von aufgegessenen Teilen usw.). Die oral-sadistische Haltung des Melancholikers dem Objekt gegenüber – als Reaktion auf den Objektverlust oder die Kränkung – wurde verantwortlich für das sadistische Wüten gegen das eigene Ich gemacht. Durch das Wüten des Über-Ich sieht sich das Ich völlig verlassen und lässt sich sterben – eine *Reinkultur des Todestriebes* (FREUD), die eine Dimension anzeigt, die letztlich scheinbar über jede Lustempfindung hinausgeht und den Charakter eines unerbittlichen Geset-

21 Im berühmten *Fort – Da* sah FREUD die Entschädigung für den passiv erlittenen Verzicht auf die Mutter und die Umwandlung desselben in ein aktiv gestaltetes Spiel, d.h. in die wachsende Fähigkeit, Realität nach Maßgabe eigener Bedürfnisse zu gestalten und destruktive Ohnmachts- und Bedrohungserfahrungen durch einen destruktiven Akt zu unterdrücken. Auch im Begriff des die so genannte normale Entwicklung begleitenden *Übergangsobjekts* steckt ein Stück Trauerarbeit, die etwas Nichtvorhandenes, Abwesendes auf tröstliche Weise verfügbar macht – d.h. den Verlust zugleich anerkennt und doch auch wieder nicht und schön das Zusammenspiel ambivalenter aggressiver und libidinöser Triebregungen zeigt.

zes hat. Hier schimmert jenes Motiv des antiken Wahnsinns wieder durch, der eine das Empirische übersteigende Wahrheit anvisiert. Bei KANT eignet genau aus diesem Grund dem Melancholiker das Gefühl der *Erhabenheit* angesichts der Ungeheuerlichkeit eines radikalen, formalen, ethischen Gesetzes, die auch LACAN (1996) betont. Doch bleiben wir bei der Psychoanalyse, deren Interesse also gefühlsbeladenen und konflikthaften unbewussten mentalen Prozessen im Zusammenhang mit unbewussten Phantasien[22] gilt. Die regressive Veränderung der Persönlichkeit gilt als anerkannt, aber die Beziehung zwischen der Regression (i.S. eines Verlusts reifer Ich-Funktionen), dem Emportauchen archaischer Mechanismen und den ursprünglichen Entwicklungs- und Reifungsvorgängen ist nach wie vor dunkel und umstritten. Eine wichtige Frage ist deshalb, welche regressiven Veränderungen des Ich und Über-Ich das Auftauchen primitiver archaischer Phantasien ermöglichen. Die Anfälligkeit des Individuums *kann* durch frühkindliche Erfahrungen geprägt sein, aber diese müssen nicht der primär entscheidende Faktor sein. Nicht das *Warum*, sondern das *Wann* ist entscheidend; das ganze Leben wird unter dem Gesichtspunkt der Entwicklung gesehen (so z.B. bei JUNG).

FREUD hatte in seiner frühen Triebtheorie Hass und Liebe als zweieiige Zwillinge aufgefasst: Liebe sei auf Lust und Lust spendende Objekte aus, Hass sei eine Ausstoßung der Unlust an die Außenwelt; das Ich hasst alle Objekte und trachtet sie zu zerstören, die ihm Unlust bereiten. In seiner Neufassung der Triebtheorie *Jenseits des Lustprinzips* rechnete er die Liebe den Lebenstrieben zu und den Hass dem Todestrieb. Eine Depression hat ihre Ursache in einer das Liebesvermögen paralysierenden Hasseinstellung (FENICHEL 1992, 111) und das heißt, wie gesagt: frühe Fixierung auf eine prägenitale Objektbeziehung mit dem Triebziel der Einverleibung, bei der Liebe und Hass ungeschieden sind[23].

22 Es ist jedoch strittig, ab wann es diese überhaupt gibt. DORNES meint, dass Säuglinge keine unbewussten Phantasien haben, sondern eher *unbewusste Gefühle* ohne unbewusste Phantasien. In der Bindungstheorie werden Affekte zu prozessualen Regeln und insofern zum Kern des *prozeduralen Unbewussten.* So gesehen sind innere Objekte nicht Ausdruck und Bilder libidinöser Selbst- und Objektkonstanz, die auftauchen, wenn das Objekt weg ist, sondern gewohnheitsmäßig etablierte Regeln des Fühlens. BOWLBY betonte die pathogene Relevanz einer an das Kind nicht angepassten Umwelt, ebenso die Objektbeziehungstheoretiker: Depression ist die Folge einer *unsicheren Bindung.*

23 Auch JUNG spricht vom *Unvermögen zu lieben* (1987, 8f): *Das nach außen gewendete Leben der Menschen erlaubt für gewöhnlich derartige Introversionen nicht; es muss dazu schon ein gewisser Ausnahmezustand vorausgesetzt werden, nämlich zum Beispiel ein Mangel an äußeren Objekten, welcher das Individuum zwingt, einen Ersatz dafür in der eigenen Seele zu suchen. Es ist nun allerdings schwer zu denken, dass diese reiche Welt zu arm sein sollte, um dem Lieben eines Menschen ein Objekt*

Im Ausgang von der das Liebesvermögen paralysierenden hassvollen Einstellung gleiche die Depression, so Karl ABRAHAM, dem *Zwang*, beiden liege ein *analer Triebkonflikt* zugrunde. Bemerkenswerterweise wurde schon lang vor Karl ABRAHAM, in der Antike nämlich, auf diesen Zusammenhang des *saturnischen Menschen* mit dem Mürrischen, Eigenbrötlerischen, Geizigen, Gierigen und Schätzesammelnden aufmerksam gemacht (vgl. KLIBANSKY et al. 1992, 225 f).

Nun, ABRAHAM zufolge wird das unbewusste Triebleben von analen Wünschen beherrscht – nur reiche bei der Depression die Regression weiter bis zum Narzissmus. (Daher die erhöhte Ambivalenz und die Wendung des Sadismus gegen das Ich: Der Depressive behandelt *sich wie das ambivalente Objekt*; der klagende Satz *Ich werde nicht geliebt* sei zum Beispiel eine Projektion der inneren Wahrnehmung *Ich liebe nicht, ich hasse.*) Dem Objekt gegenüber ist Liebe manifest, der Hass ist unbewusst und wird gegen das Ich gerichtet. Nun geht es bei der Depression im Vergleich zum Zwang nicht um Konservierung, sondern um *Zerstörung* des Objekts – und diese Tendenz zwingt in archaische Formen der Objektbeziehung – in die *Einverleibung*. Damit werden auch die negativen, abgewehrten Aspekte einverleibt und jeder positive Halt am Objekt geht verloren. Die Regression schreitet weiter, durch Zerstörung des Objekts wird der objektlose Zustand des Narzissmus wieder hergestellt – der allerdings auch bestritten wird. So bezweifelt etwa Igor CARUSO, dass Trauer ein narzisstischer Prozess ist. Das Zurückfluten der Libido in der Trauer sei nichts sagend, da keine Steigerung der Selbstliebe in der Trauer feststellbar sei, sondern eher das Gegenteil. Weiters ist zu fragen, ob der Narzissmus überhaupt eine ursprünglich-natürliche Einstellung sein kann, denn schon im Mythos ist dies nicht so, da bereits Liriope von Cephisos vergewaltigt wird: Narziss ist ein unerwünschtes Kind: *Der Mythos entwickelt eine Archäologie der Unfähigkeit zur wahren Selbstliebe und Annahme seiner selbst ... Narzisstische Liebe als zeitlich erste und tragische Ge-*

---

bieten zu können. Sie bietet unendlichen Raum für jeden. Es ist vielmehr die Unfähigkeit zu lieben, welche den Menschen seiner Möglichkeit beraubt. Leer ist diese Welt nur dem, der es nicht versteht, seine Libido auf Dinge und Menschen zu lenken und sie für sich lebendig und schön zu machen. Was uns also zwingt, einen Ersatz aus uns selber zu schaffen, ist nicht der äußere Mangel an Objekten, sondern unsere Unfähigkeit, ein Ding außer uns liebend zu umfassen ... Der Widerstand, der sein Nichtwollen dem Wollen entgegensetzt, vermag es allein, jene Regression zu erzeugen, welche *der Ausgangspunkt einer psychogenen Störung sein kann. Der Widerstand gegen das Lieben erzeugt die Unfähigkeit zur Liebe ... Wie die Libido einem beständigen Strom gleicht, der seine Wasser breit in die Welt der Wirklichkeit hinausergießt, so gleicht der Widerstand, dynamisch betrachtet, nicht etwa einem im Flussbett sich erhebenden Felsen ... sondern einem Rückströmen, statt nach der Mündung, nach der Quelle hin ... wo die Paläste der Phantasie winken.*

stalt der Liebe bedeutet eine Verfälschung des Mythos (WUCHERER, in LÜTHI/MICSKEY 1991, 152).

Der Vorgang der Regression, dessen Credo lautet: *besser fragmentiert, geschluckt und aufgefressen als verloren* (vgl. KRISTEVA 1989, 12), ist also illusionär – denn der *Schatten des Objekts* (FREUD) ist schon längst auf das Ich gefallen, welches sich nun selbst wie ein Objekt, wie das *verlassene Objekt*, zu beurteilen beginnt. Der Konflikt zwischen dem Ich und der ambivalent gehassten/geliebten Person wird zu einem Konflikt zwischen einem sadistischen Über-Ich und einem durch Identifizierung veränderten Ich[24].

Hass i.S. der Objektbeziehungstheorie meint, dass ein inneres Objekt geschädigt oder vernichtet wird und das Ich vor die Notwendigkeit stellt, die innere Realität umgestalten zu müssen: Depression sei dann die Kompromissbildung, zwischen dem Drang, dem Objekt weiter Schaden zuzufügen, und der Angst, wegen dieser Destruktivität selbst attackiert zu werden. Melanie KLEIN hat dieses Schwanken zwischen *paranoid-schizoiden* und *depressiven* Ängsten beschrieben und bringt die erste Über-Ich-Bildung mit der oralen Introjektion und oral-sadistischen oder kannibalistischen Phantasien in Verbindung, woraus die Angst resultiert, selbst verschlungen oder zerrissen zu werden. Hass ist jedoch

24 Der Depressive lebt real die Enttäuschung, lebt im *Schatten des Objekts*, und folglich den Rückzug aus der frühen Mutter-Kind-Beziehung – mit vermehrter Selbstzuwendung zu eigenen Gefühlen, Empfindungen, Gedanken und Symptomen – mit den bekannten negativen Auswirkungen: Die Introjektion des geliebten Objekts, die den brüchigen Selbstwert kompensieren soll, ist ambivalent; der äußeren Störung folgt eine innere auf dem Fuß. Die missglückte Bemutterung außen, scheitert auch innen, wenn man sich selbst zu bemuttern beginnt – die negative Seite lebt, die positive Seite wird vielleicht weiter idealisiert und weiter im verlorenen oder toten Objekt phantasiert (man ist hin und her gerissen zwischen der Wut und der Furcht, den zu ermorden oder ermordet zu haben, den man liebt und von dem man abhängig ist/war). Man schließt den Mangel halluzinatorisch – über Fingerkauen, Zigaretten und andere äußere und innere Objekte. Der Verlust des Bezugsobjektes bzw. die Beeinträchtigung einer fürsorglichen, förderlichen und stabilen Beziehung führt zu Unlustgefühlen, zu Ärger und Hass – und in der Folge zu Kompensationsversuchen mittels oraler Reprojektion des Liebesobjektes in seiner ganzen Ambivalenz. Orale Fixierung herrscht vor im Sinne von hoher Zuwendungsbedürftigkeit, symbiotischer Abhängigkeit, Trennungs- und Verlustunfähigkeit und Überanpassung bei gleichzeitiger Ablehnung; analsadistische Fixierung ruft Aggression gegen das Introjekt hervor, die nicht zugelassen werden darf; ein strenges Über-Ich ruft Schuldgefühle wegen der Trennungsaggression hervor; Selbstanklagen und Suizid sind Ausdruck der Aggression gegen das Objekt; überzogene Nähewünsche rufen Ablehnung hervor, daher wieder vermehrte Wertlosigkeit bzw. Herstellung unbewusster Größenphantasien, die einen unentbehrlich für den anderen machen und wieder an der Realität scheitern; Autoaggression führt zu Depression; oft findet sich eine Überidentifikation mit Leistungsanforderungen.

nicht nur etwas Destruktives, sondern hat auch eine positive Funktion und Anteil am primitiven Liebesausdruck: *Liebender Hass* ist eine leidenschaftliche Objektbeziehung (WINNICOTT), zur erregten Liebe gehört ein Angriff auf den Körper der Mutter, die diesen unbedingt überleben muss. Auch für Melanie KLEIN geht der libidinöse Wunsch einher mit dem Ziel, auszusaugen, auszuhöhlen, zu entleeren und zu erschöpfen, und BALINT sieht im Hass u.a. eine Abwehr primitiver Objektliebe und archaischer Abhängigkeit – das Kind braucht den Hass, um seine Selbstzustände mehr und mehr ausdrücken zu können. Aggression und Destruktion sind so gesehen Voraussetzung für ein eigenständiges Bewusstsein – und paradoxerweise auch die Voraussetzung für die Sorge um den anderen aus einer *depressiven Angst* heraus.

FREUDS psychodynamischem Modell zufolge führt also das Nichtakzeptieren eines Verlustes zur Regression in die Oralität als jene von sehr ambivalenten Gefühlen dominierte Entwicklungsstufe, bei der noch nicht zwischen Subjekt und Objekt (das es erst ab der analen Stufe gibt) unterschieden wird. Deswegen sei es auch *gleich, wer isst und wer gegessen wird* (GRUNBERGER). In der frühen Psychoanalyse liegt die Betonung auf Seiten der kindlichen Destruktivität und deren Folgen. Objekt und Ich sind gleichgesetzt, ein Teil des Ich ist zum Objekt geworden: Das Objekt wird durch die orale[25] Einverleibung durch eine Veränderung des Ich ersetzt (narzisstische Identifizierung).

Die alles beherrschende Oralität wird so lange aufrechterhalten, wie Mechanismen zum Ausgleich von Versagungen fortbestehen (z.B. halluzinatorische Wunscherfüllung). Am Rande: Demnach ist unsere gesamte Kultur oral. Einerseits spricht man nun davon, dass der Depressive einer verstörenden Beziehung ausgesetzt war, andererseits aber auch davon, dass er *zu sehr, aber schlecht geliebt* (GRUNBERGER) wurde; er ist ein verwöhntes Kind, dem die Versagung gefehlt hat – er hat keine *anale Zufuhr* erhalten, konnte nicht Entschlossenheit und Stärke introjizieren und deshalb keine gefestigte (anale) Stellungnahme gegen Versagungen ausbilden. Er ist mit einem auf seine Bedürfnisse ausgerichteten, geschlossenen Universum verschmolzen, seine Objektwahl erfolgt auf nar-

---

25 Für den *oralen Typus*, der Objektbeziehungen als Identifikation nach dem Muster *Ich bin das Objekt (die Brust)* erlebt, bedroht jeder Verlust des Identifikationsobjektes die Eigenidentität. Besonders die Melancholie basiert auf so einem unbewussten Objektverlust und drastischer Ich-Verneinung. Trauerarbeit ist daher die Arbeit der Gestaltung der Trennung, eine Abwehr gegen die Ich-Entleerung, Trauer ist ein Kampf gegen den Ichverlust und ein Wenden der Aggression nach innen. Dabei ist die Abwehr gerade von solchen aggressiven Tendenzen durchdrungen: Die Idealisierung ist eine Entwertung des anderen, der auf bestimmte positive Merkmale reduziert wird (Isolierung, Verkehrung ins Gegenteil, Verdrängung des Inkompatiblen); der Gewinn dabei: Das Ideal-Ich kann sich pars pro toto mit dem Idealbild identifizieren (vgl. CARUSO 1986, 58).

zisstischer Grundlage; Geben und Nehmen sind ihm äquivalent; weshalb er unfähig ist, *Nein!* zu sagen, selbst aber nichts fordern kann (Wunsch äußern), weil er oral-passiv auf automatische Wunscherfüllung ausgerichtet ist und klagt, wenn dies nicht eintritt. Der eigene orale Schatten wird meist projiziert, d.h. andere werden als aussaugend erlebt. Es fehlt die *Koordination und Verschmelzung von Triebreifung und Narzissmus*, da ihm die wichtige Verbindung von Triebbefriedigung bei gleichzeitiger narzisstischer Zufuhr seitens der Mutter fehlt und die Befriedigung deshalb nicht den nötigen erhebenden Charakter bekommt. Er kann sich deshalb nicht lieben, weil sein idealisiertes Objekt zu wenig Stütze bot, und auch keine wirkliche Befriedigung erlangen. Im Vorfeld depressiver Erkrankungen findet sich eine Primärpersönlichkeit mit einem oral-narzisstischen Defizit, einer frühkindlichen Mangelerscheinung also, geprägt von Selbstzweifeln, Verdrängung aggressiver Impulse, Selbstregulation über andere, unbewussten Sehnsüchten infolge ungenügender Liebesfütterung, projektiv überzogenen Ansprüchen und symbiotischer Abhängigkeit mit entsprechend vorprogrammierter Enttäuschung. Anspruch und Wirklichkeit differieren – selbst dann, wenn sich der Depressive besonders anstrengt, um der drohenden Dekompensation[26] zu entgehen.

Die Psychoanalyse fordert hier, das ursprüngliche Trauma, dass die Welt letztlich ein *Unzuhause* (BLOCH) ist, dass es einen nicht wieder gutzumachenden Riss gibt, anzunehmen und unter dem Diktat dieser Realität *Trauerarbeit* zu leisten. Diese ist jedoch nie endgültig zu erledigen, denn bei jedem neuerlichen Verlust (von Substituten) reißen alte Wunden wieder auf. Der so genannte *gesunde Narzissmus* (Am-Leben-Bleiben und Genesung als Belohnung für das Durchstehen der Trauerarbeit) sowie die Sublimation (als Verbindung von Primärprozess und Idealisierung) bieten letztendlich nicht den ersehnten Halt, selbst

---

26 MENTZOS (1995) erklärt die Dekompensation mittels eines Säulenmodells:

Säule I: Basis = Größenselbst – Größenphantasien – reifes Ideal-Selbst (realistische, positive Selbstbilder trotz Fehler): Aufbau durch Spiegelung (I - betrifft die Verringerung der narzisstischen Zufuhr - daher: Selbstverachtung)

Säule II: Basis = symbiotische Abhängigkeit – ideale Elternimagines – reifes Ideal-Objekt: Aufbau durch Identifikation (II - betrifft den Objektverlust – daher: Verlassenheit)

Säule III: Basis = archaisches Über-Ich – ödipales Über-Ich – reifes Gewissen: Aufbau durch Anerkennung von Leistung und Pflichterfüllung (III - betrifft Verunsicherung, Kritik, Strafe und vorwegnehmende Unterwerfung)

Solange Defizite über I – III ausgeglichen werden können, etwa durch Leistungssteigerung etc., kommt es nicht zur Depression; diese tritt erst als Reaktion auf die Störung ein, wenn diese Mechanismen versagen, und es zum pathologischen Reparationsversuch in Form einer Regression zur Basis der jeweiligen Säule hin kommt.

wenn über die Polyvalenz der Zeichen und die Fähigkeit zur Vergebung (d.h. die Identifikation mit einem freundlichen Ideal jenseits von Rache) die Modifikation archaischer Ich- und Über-Ich-Strukturen möglich ist. In der Therapie geht es darum, die Ambivalenzen zu erleben und durchzuarbeiten – einerseits die aus Enttäuschung hervorgegangene Wut, andererseits die Angst vor Objektverlust. Als Richtlinie gilt, orale Wünsche minimal zu erfüllen, ohne zu verwöhnen und zugleich narzisstische Zufuhr zu geben, ohne den Patienten wie ein kleines Kind zu behandeln.

Es soll nicht unerwähnt bleiben, dass die von mir strapazierte Objektlastigkeit der Psychoanalyse von neueren, auf Jacques LACAN zurückgehenden Ansätzen hinterfragt wird: Der Depressive trauere nicht um das Objekt, sondern um das *Ding*, d.h. um jenes *Reale*, das nicht im Zeichenprozess signifiziert werden kann. Man ist abgeschnitten von einem phantasmatischen unnennbaren, höchsten Gut, dessen radikale Andersheit zu verschleiern versucht wird. Melancholie zeigt darin indirekt eben den *Rest*, der der Repräsentation und Objektivierung immer entgeht. Von dieser Warte aus ist es fraglich, ob Julia KRISTEVAS (1989) Plädoyer für die Symbolisierung i. S. einer *primären Identifikation mit dem Vater der persönlichen Vorgeschichte* tatsächlich *das* Mittel wäre, mit dem Verlust des *Dings* versöhnt zu werden, anstatt in der Trauer (Traurigkeit ist der archaische Ausdruck der nicht symbolisierbaren narzisstischen Wunde) zum verlorenen *Ding* zu werden.

Unterbrechen wir die Diskussion diverser psychoanalytischer Konzepte kurz, um eine Frage aufzuwerfen: die Frage, warum Depression einen Regress in die Oralität nach sich ziehe, wo doch gerade hier ein Defizit bestanden haben soll: Widerspricht dies nicht den gängigen Vorstellungen von spannungsfrei-paradiesischen Zuständen des Goldenen Zeitalters, das oft als ersehnte Heimstätte des Narzissmus kolportiert wird? Depression ist das Gegenteil der *erhebenden Erhabenheit* (GRUNBERGER 1982, 277), die man für gewöhnlich mit dem Narzissmus in Verbindung bringt. Ebendieser Narzissmus ist problematisch, denn gerade dem angeblichen *erhebend-erhabenen* Zustand, dem die automatische Erfüllung physiologischer Bedürfnisse entspricht, muss irgendwann einmal eine Störung widerfahren sein (ebd. 276), die sich im Konflikt[27] des – das Trauma nicht anerkennen wollenden – Narzissmus mit dem aus dem Trauma hervor-

27 Der Narzissmus projiziert seine Störung auf das schwache Ich, das wiederum von anderen abhängig bleibt, auf die es die Befriedigung seiner Bedürfnisse und damit sein narzisstisches Gleichgewicht projiziert. Sobald dieses Objekt ausfällt, ergibt sich daraus eine Entwertung des Ich, da die freigesetzte narzisstisch konflikthafte Libido zu ihm zurückfließt und nicht aufgefangen werden kann. So äußern sich etwa in Selbstentwertungen das unterbesetzte Ich und der vom Ich freigesetzte megalomane Narzissmus gleichzeitig: *Ich bin der größte Sünder dieser Welt* (ebd. 283).

gehenden Ich widerspiegelt. Warum Regress zur Oralität? Als prospektivste Antwort – und gleichsam als geheimes Fenster im Theoriegebäude der einseitig auf den Narzissmus ausgerichteten Psychoanalyse – erscheint mir jene Behauptung, dass der *orale Beziehungsmodus der Ausgangspunkt jeglicher Triebbefriedigung* ist (ebd. 153), d.h., dass alle Triebbefriedigung zu Beginn oral-halluzinatorisch ist: *Jeder* Wunsch beinhaltet eine auf das Objekt (?) ausgreifende Kraft – und gerade darin liegen zukünftige Chancen, aber auch die alten Hemmnisse eng beieinander (vgl. FENICHEL 1991, 160): Orale Befriedigung hat sicheren Optimismus[28] zur Folge, orale Versagung eine pessimistische (depressive oder Entschädigung fordernde Haltung). Fraglich ist jedoch, *was* die auf das Objekt ausgreifende Kraft eigentlich ergreift, und damit kommen wir zum Kern des Problems des Narzissmus – das *imaginäre Erfassen des anderen durch das Bild in einem Verhältnis erotischer Fesselung* und die grundlegende *aggressive Spannung* (LACAN 1997, 111), durch die nicht nur das, was der andere als Fremder und nicht als Objekt ist, verfehlt wird, da auch das Ich sich grundlegend verkennt: Es ist *selbst schon ein anderer*, da es je immer schon selbst nach dem Bild des anderen geformt ist.

Gehen wir nun weiter zum Paradoxon eines Verlustes von etwas, das es als solches nie gegeben hat. Die grundsätzliche Frage, ob es im Menschen etwas gibt, das unverlierbar ist, bleibt hierbei ausgeklammert. Vorausgesetzt wird dieses Unverlierbare freilich allemal: eine Intuition von Ganzheit, die nicht mit dem Narzissmus zu verwechseln ist, weil damit ein Gegenüber, eine Beziehungsstruktur, eine ganze Welt, gemeint ist und kein solitäres Wesen, dessen Energie oder Libido sich und den anderen in eine autistische Kreation einspinnt. Wüssten wir nicht um diese Intuition, so würden wir den Riss im Seelen- und Weltgefüge gar nicht wahrnehmen können.

---

28 Die orale Phase gilt als Matrix für transzendentes, auf Religiöses im weitesten Sinn ausgerichtetes Erleben. *Orale Religion* (vgl. LÜTHI 1991) vermittelt Gefühle der Ganzheit und Geborgenheit statt Herausgefallen- und Verschlungensein, Dualismen werden überwunden, Leib und Sinne mit einbezogen. Das Erbarmen Jahwes, *rähäm*, bedeutet etwa zugleich Mutterschoß. Das Himmelreich ist Sättigung von Hunger und Durst. Das Bestehen der oralen Phase gilt so gesehen als Chance geglückten Menschseins. Orale Zielvorstellungen und Werte sind aber nur dann bereichernd, wenn sie in die Ganzheit menschlicher Befreiung integriert werden, da Oralität auf Entwicklung hin angelegt ist und nicht regressiv beschränkt bleiben soll.

3.3.2. Liebe und Substitute

Es ist paradox, etwas verlieren zu können, was man eigentlich immer schon ermangelt hat, selbst wenn es dafür – freilich unzureichende – Substitute gegeben hat – etwa materielle Zuwendung bei seelischer Verlassenheit oder andere Personen, Dinge, Leistungen, Phantasien etc. Das heißt, es hat nie die volle Erfüllung des *einen* Wunsches[29] gegeben, nie das vermeintlich entscheidende *Mehr*, das aus jener Selbstlosigkeit erfolgt wäre, die man für gewöhnlich mit der Liebe in Verbindung bringt – genau jenes *Mehr*, aus dem ein sich selbst als wertvoll erachtendes Selbst entstehen hätte können –, nie jenes *Mehr*, das nicht mit der Quantität der Libido zu verwechseln ist.

Was ermangelt wird, ist, was im Wort *Liebesfütterung* durchschimmert: ein das Zuwenig Auffüllendes jener Form geschenkter Zuwendung, die wir *Liebe* nennen: So, als würde in der Muttermilch ein über das Nährende hinausgehender Mehrwert enthalten sein müssen, den das Menschenkind mehr braucht als die Nahrung selbst – etwas Unkörperliches, das sich in der Nahrung, in Blicken, Gesten, Lauten, Berührungen, Lachen, Ruhen, Bewegungen und einem symbolischen wie imaginären Raum ausdrückt, der durch das Kommen und Gehen der Mutter, das Kommen und Gehen von vielfältigsten Erfahrungen des kindlichen Erlebens, von dem wir nichts (mehr) wissen, strukturiert ist. In unseren avanciertesten Definitionen meint Liebe jenen nicht auf eigenen Vorteil ausgerichteten Exzess des Sich-Verströmens an den anderen, bei dem man *ein endliches, zeitliches Objekt privilegisiert, das einem mehr bedeutet als alles andere* (ZIZEK 2000, 124). Für den Depressiven heißt dies: das Gefühl zu haben, Adressat einer Fürsorge gewesen zu sein, die mit den *Umwandlungen des Selbst* gleichgesetzt ist (BOLLAS 1997, 26). Eine *Urverwandlung*[30] wurde vollzogen: Leere, Qual

29 Von LACAN stammt die Unterscheidung von *Bedürfnis* (die organische, in Schüben auftretende Spannung, die abgeführt werden soll) und *Anspruch* (die mit dem Bedürfnis gekoppelte Forderung nach bedingungsloser Liebe), wodurch ein unausschöpflicher Rest bleibt (das *Begehren* als konstante Kraft, die nie befriedigt werden kann), da der andere dieser Forderung nie zur Gänze entsprechen kann.

30 BOLLAS sieht hier den Zusammenhang mit der Ästhetik: Sie ist Ausdruck eines *ungedachten Gewussten* (ebd. 44), Vergegenwärtigung jener Zeit des tiefen Rapports zwischen Mutter und Kind (Ästhetische Momente müssen nicht schön sein, sondern sind auch hässlich und Grauen erregend, d.h. zutiefst bewegend, weil eine existenzielle Erinnerung angestoßen wird: die Gewissheit, vom *Geist des Objekts* umfangen zu sein, gehalten in Symmetrie, heilig. Eine Erfahrung, die tiefe Dankbarkeit weckt, nach der wir ein Leben lang suchen (Musik, Raum, Gedicht etc.). Damit verbunden ist ein Gefühl des Verschmelzens und die Überzeugung, dass wir ganz persönlich gemeint sind. Der Nachhall der Präsenz der Mutter – Ehrfurcht gebietend und heilig – hat auch eine Unheimlichkeit zur Folge, den besagten Schatten des Objekts. Der

und Wut *wurden* zu Fülle und Zufriedenheit und Integration – zu einem Wert, noch weit bevor die Sprache zum primären Verwandlungsmedium wird.

Warum hält der Depressive/Melancholische wider alle Vernunft und Realität an dieser Illusion einer Liebe, die es nie gegeben hat, fest? Weil, so Igor CARUSO, es bei jedem Melancholiker zu *sekundären* libidinösen Besetzungen der primär libidinösen Strebungen kommt? Das heißt, der Lustgewinn wird nicht allein durch das Objekt gewährt, sondern sekundär durch die *Liebe zur Liebe*. Geliebt wird nicht nur das Objekt, sondern auch die *Liebe zum Objekt* selbst. Die Liebe zum Objekt tritt an die Stelle des Objektes und der Depressive verkennt, dass er eigentlich sich selbst liebt. Es scheint also, als bliebe der Depressive gebunden an verstörende Liebestraumen: zu lieben, obwohl man nicht geliebt wird/wurde ..., den anderen vermeintlich zu lieben und ihn dabei zu hassen ..., einen Verrat an der alten Liebe begehen zu müssen, um Platz für eine neue zu schaffen (Trauerarbeit) ..., den anderen zu erhöhen, zu idealisieren, in den Himmel zu heben, was heißt, ihn zu töten, da diese vermeintliche Liebesgeste auf der aggressiven Isolierung von Merkmalen und der Auslöschung des anderen beruht usf.

Ist Liebe tatsächlich nur dann Liebe, wenn sie *alles, was nicht Liebe ist, negiert,* wenn sie *selbstlos* stattfindet, wenn sie (sich?) also ohne einen eigenen Vorteil an jemanden verströmt, d.h. ihm, dem anderen, allen Wert zuerkennt, ja mehr noch, ihm *mehr* Wert zuspricht als jedem anderen Objekt? Dies wäre die Sehnsucht, der Mangel des Depressiven, Wert und ein Selbst zu bekommen von jemandem, der selbst nichts für sich fordert, der alles zu geben bereit ist – auch das, was er nicht geben kann. Also: ein Selbst aus Selbstlosigkeit – *nicht Ich, sondern der andere* – genau dies ist die Art und Weise, wie der Depressive auf traumatisch-traumatisierte Art liebt/hasst und geliebt werden möchte – *ein Fass ohne Boden* wie es Klienten oft ausdrücken.

Nun ist diese Liebe, konkret verstanden, eine Unmöglichkeit und enthält ihren eigenen Widerspruch in sich, dass sie als *reine Liebe* nicht möglich ist, sondern immer durchdrungen von einer Art Nicht-Liebe ist, einer Liebe also, aus der immer ein persönlicher Nutzen gezogen wird. Bestenfalls ließe sich also von

---

Säugling erlebt die Mutter zwar als Verwandlungsprozess, aber er weiß nicht, dass ein Teil der Verwandlungen von ihr herrührt. Das Erfahren des Objekts geht dem Wissen um das Objekt voraus, und solange der Säugling dem Zauber des Ortes ausgesetzt ist, lebt er mit dem anhaltenden Gefühl der Unheimlichkeit, ohne die Herkunft des Zaubers ausmachen zu können. Die Erinnerung, dass wir das Objekt unserer Eltern waren, wird Vorbild für die Art und Weise, wie wir uns selbst als Objekt behandeln, wie wir uns selbst halten. Wie träumen wir uns etwa? Auch WINNICOTTS *Umwelt-Mutter* ist mehr ein *Umwandlungsprozess*, der ermöglicht, das eigene Sein zu integrieren, als ein Objekt.

einem *altruistischen Egoismus* sprechen. *Reine* Liebe entspricht einer Inflation, nämlich der Identifikation mit einem archetypischen Ideal und der ihm innewohnenden *Impersonalität*, die sich etwa im buddhistischen Leitbild des *Bodhisattva* oder der *Liebesvollkommenheit Gottes* ausdrückt. Beide verdeutlichen das Paradoxon einer *personalen Impersonalität* (NISHITANI), da in der *reinen Liebe* insofern eine grundlegende *Ununterscheidbarkeit* angenommen werden muss, als diese Liebe wie eine Sonne über allen gleichermaßen und ohne Unterschied aufgeht. Dieser Liebe eignet eine ihr innewohnende strukturelle Gewalt, die alles gleichmacht und Unterschiede einebnet. Liebe kommt also nie ohne Negation, nie ohne ihr Gegenteil aus. Das *Paradoxon der Liebe* (Liebe ist Liebe, weil sie nicht Liebe ist) weist uns darauf hin, dass es eine konstitutive Unpersönlichkeit an beiden Polen gibt: als Selbsthingabe auf der Subjektseite und als Austauschbarkeit und Beliebigkeit des Adressaten der Liebe auf der Objektseite. Es ist also einerseits egal, *wer* gibt und *wem* gegeben wird, andererseits jedoch auch wieder nicht, denn dadurch geht gerade der für die Liebe konstitutive personale Dualismus – *einend zwei zu eins, und scheidend eins von zwei* (Hans Urs von BALTHASAR). verloren Wie ist es also möglich, zu einer *individuierenden* Liebe zu gelangen, die von *Verantwortung* (LÉVINAS: Liebe ist *Verantwortung für den anderen*) getragen ist? Dies ist exakt die Frage, mit der in der Depression gerungen wird.

Warum wird also an der Illusion dieser Liebe festgehalten? Zunächst einmal deshalb, weil damit indirekt auch das Gegenteil der Liebe, der Hass etwa, anerkannt wird, und weiters deshalb, weil dieser Liebe zu entsagen das aufzugeben hieße, was – bleibt man bei FREUDS Zwillingen Hass/Liebe – *auch* da war: Liebe und Beziehungsfähigkeit, das also, was auf einer ganz elementaren Ebene die destruktiven Strebungen binden kann. Ich halte es deshalb für ausgesprochen wichtig, in der Therapie nicht nur die unbewusste Aggression bewusst zu machen, sondern auch die oft *unbewusste Liebe* (die z.B. hinter Idealisierungen verborgen sein kann) und die Aggressivität dieser Liebe.

Eine weitere Antwort auf diese Frage aus dem Fundus psychoanalytischen Denkens ist, dass dieser Liebe deshalb nicht entsagt werden kann, weil deren Verlust einem Selbstverlust gleichkommt: Trennung vom anderen bedeutet Trennung von sich selbst – mit verheerenden Folgen, denn durch die Regression verlieren – wenn wir wieder Béla GRUNBERGER folgen – auch andere Triebkomponenten ihre narzisstische Besetzung, so vor allem das anal-sadistische Register, mit der Folge, dass alles entwertet wird, die Erinnerungen, die Zukunft: *Nicht mehr lieben, bedeutet ... nicht nur, das früher einmal introjizierte Objekt aufzugeben, sondern es aktiv ... aufzugeben; das muss zum Verfall und systematischer Zerstörung und schließlich zum Auswurf führen ... Der Melancholiker, der sein eigenes Ich verwirft ... zerstört sich, verdaut sich, mit einem Wort: Er analisiert sich* (GRUNBERGER 1982, 284).

Man *analisiert* sich unter der Dominanz des archaischen Über-Ich. Von hier aus gesehen, ist der schlussendliche Selbstmord des Melancholikers verständlich, wobei ihm gerade dabei das gelingt, was ihm zu Lebzeiten verwehrt blieb: die Synthese seines Narzissmus mit seinen Trieben, denn der Selbstmord ist von unbewusster Triebbefriedigung begleitet: *Ich sterbe, damit die anderen glücklich sind.* Hinter der Entwertung und Kleinheit schimmert die Rolle eines omnipotenten Erlösers durch. Das also ist das geheime Ziel eines, der sich von allen schützenden Mächten verlassen sieht und sich sterben lässt?

Ich denke, die Psychoanalyse mit ihrem objektzentrierten Paradigmenhorizont stößt hier an eine Grenze und der *Schatten des Objekts* fällt auch auf die Psychoanalyse insgesamt und nicht nur auf das Subjekt – und es ist zunächst der Schatten des Weiblichen, der Mutter, der auf ein *männliches* Subjekt fällt und eine *Ethik der sexuellen Differenz* (IRIGARY) fordert. FREUDS cartesianischem Erbe ist zu verdanken, dass der/die andere als libidinös besetzbares Objekt das Ziel eines Wunsches ist, d.h. reduziert auf eine apersonal-intentionale Beziehung. Die Bezeichnung *Objekt* meint dabei zwar eigentlich eine Person, nämlich diejenige Person, mit der man in Beziehung steht, dennoch steht die Verdinglichung im Vordergrund. Masud KHAN schreibt etwa: *Das menschliche Individuum ist zunächst kein Subjekt, sondern ein Objekt. Der Säugling existiert und erfährt sich nur durch die idolisierende Zuwendung der Mutter, er ist das Objekt mütterlicher Fürsorge* (zit. nach: BURDA 1998, 36 f). Einerseits spricht man von der Objektivierung des Kindes durch die Mutter und andererseits von der Mutter als Objekt des Kindes – eigentlich eine *Ontologie des Analen*, in der der andere als anderer absorbiert wird. Was tatsächlich im Schatten bleibt, ist vor allem *Beziehung*. Nicht nur diejenige zwischen Mutter (als *anwesend Abwesender*) und Kind, sondern auch diejenige zum Vater als in der Dualunion *abwesend Anwesendem*, auf den hin sowohl das Begehren der Mutter als auch dasjenige des Kindes orientiert sind. Die Dualunion als solche entpuppt sich als immer schon durchwaltet von einem Dritten, das/der die Beziehung des Kindes zur Mutter und die Beziehung der Mutter zum Kind strukturiert.

Das wesentlich in den objektorientierten Ontologien Ausgeblendete ist die Bezogenheit, der *Raum*, die *Seelenwelt* als *Inbegriff von Beziehungen* (JUNG). Diesen Raum bewohnen wir je immer schon mit anderen. *Wo sind wir, wenn wir in der Welt sind?*, fragte Peter SLOTERDIJK (1999, 28) kürzlich: in einem *Außen, das Innenwelten trägt.* Menschen bilden *Sphären*, d.h. Orte, *worin sie vorkommen können ... In Sphären leben heißt, die Dimension erzeugen, in der die Menschen enthalten sein können* (ebd.). Diese *Kategorie der Relation* ist, so SLOTERDIJK, von der abendländischen Tradition äußerst stiefmütterlich behandelt worden. Die Melancholie bietet dafür ein überzeugendes Beispiel: *Der Melancholiker – (ein unfreiwilliger Solist) verliert das Objekt nicht so wie er es nach den Regeln der Kunst verlieren sollte; so nämlich, dass er selbst in fine als Trennungsgewinner zurückbliebe – existenziell frei zu neuen Libidoinvestitionen und symbolisch inspiriert zur schöpferischen Klage –: vielmehr verlöre er mit dem „Objekt" zugleich den größten Teil seiner kommunikativen und musikalisch-erotischen Kompetenz. Dadurch wird aber klar, warum der Begriff des Objektverlusts hier fehl am Platz ist. In einem rechtverstandenen Objektbegriff muss ... dessen Wohlabgegrenztheit gegenüber einem Subjekt mitgedacht sein, so dass ein realer Objektverlust ... unter keinen Umständen den Ichbestand in Frage stellen könnte ... Die Rede vom Objektverlust verrät, dass die Psychologen bei ihren ersten Sprechversuchen in dem vagen Feld der archaischen Dualitäten selbst nicht verstehen konnten, was sie sagten. Dieses unaufgebbare intime Etwas, in dessen Gegenwart und unter dessen Resonanz das Subjekt allein vollständig ist, nennen wir (MACHO) das Nobjekt - das sind Dinge, Medien oder Personen, die die Funktion des lebenden Genius haben, des intimen Ergänzers ... Verlust ist eine Verkümmerung des psychischen Feldes ... der Konsubjektivität* (SLOTERDIJK 1998, 473).

Es geht also um *mehr* als um das für die Depression (und Manie) typische Ausschließungsverhältnis von Selbstwert/-liebe versus Objektwertigkeit/-liebe (MENTZOS 1995, 159), sprich: depressive Selbstverachtung versus manische Verachtung des Objekts. Dazu ein weiterer Denkanstoß: *Wenigstens ein Teil dessen, was wir mit dem Wort* (Liebe, Anm.) *meinen, ließe sich dadurch abdecken, dass wir -Ich liebe X- folgendermaßen ausformulieren: Ich fasse mich als ein System auf und akzeptiere die Tatsache, dass ich eines bin, mit positiver Wertung, bin also lieber ein System, als dass ich auseinanderfalle und sterbe; und ich fasse die Person, die ich liebe, als systemisch auf; und ich fasse mein System und ihr System so auf, dass sie zusammen ein größeres System mit einem gewissen Grad innerer Übereinstimmung bilden* (BATESON 1993, 272). Es geht bei der Liebe um *mehr* als nur die beiden Pole Subjekt und Objekt, wie die eben zitierte Dreiwegmetapher illustriert. Unsere Sprache und Denkgewohnheit betonen übermäßig trennbare Entitäten und nicht *die Relation* zwischen ihnen. Gerade diese *Bezogenheit* nicht nur auf das Objekt, sondern auf ein Subjekt und Objekt *übergreifendes Drittes* ist selbst eine Quelle psychischer Energie: Man kann sie manchmal wahrnehmen wenn man mit jemandem, den man liebt, zusammen ist, oder wenn man etwas ganz Interessantes, Aufregendes liest. Man wird dann nicht müde und spürt eine Energie aufkommen, die nicht erwartet wurde und ein tiefes Gefühl von Freude. Nach Erich FROMM ist genau dies eines von fünf Merkmalen *produktiver Liebe* und eben kein mystisch-narzisstisch geprägtes Einheitsgefühl mit der Welt, sondern ein Integritätsgefühl mit sich selbst in Verbindung mit dem den Einzelnen übersteigenden Ganzen. Der gefürchtete Verlust des anderen kommt so gesehen tatsächlich einem *Selbstverlust* gleich, wobei das Selbst in einer Weise verstanden wird, die über die übliche Subjekt-Objekt-Dialektik hinausgeht. Im Rahmen des streng objektorientierten psychoanalytischen Denkens ist es problematisch, dem oral ausgerichteten Depressiven überhaupt so etwas wie Liebe zuzuschreiben. Wenn man von der oralen Triade *Essen, Gegessen-Werden und Schlafen* (GRUNBERGER 1982, 144) oder der Definition von Oralität – *Gier, Unersättlichkeit, Ungeduld und Neid* – ausgeht bzw. ergänzt, dass der orale Gierling eigentlich in Dualunion mit einem lieblosen oder schlecht liebenden Nicht-einmal-noch-Objekt verschmolzen ist und eigentlich keine Chance hat, je wirklich *geliebt und nicht gefressen* (KLEESPIES 2001, 65) zu werden: Säße er dann nicht in einem schwarzen Loch ohne Liebe (er wurde ja ungenügend geliebt) und wäre es nicht konsequent, dass er gar kein Objekt betrauern kann, da es ein solches auf dieser Stufe gar nicht oder – infolge der Regression – nicht mehr gibt? Weiters könnte er selbst *keine Liebe empfinden* – auch die ist nämlich durch die Hauptcharakterisierung (als Lust) von vornherein ausgeschlossen, da er narzisstisch auf – ja, worauf eigentlich? – bezogen bliebe und verloren wäre bzw. jene *Amöbe* bliebe, mit der FREUD die narzisstische Libido bildhaft darstellte. Liebe ist bei FREUD von der ursprünglichen Triebnatur her zu verstehen, erreicht den anderen nie in seiner Andersheit, nie in dem, was *im offenen Anwesen um seiner selbst willen anwesend* ist (WUCHERER 1991, 183). Kurz gesagt, es ist schwierig, mittels einer auf Objekte ausgerichteten Sprache und Theorie etwas so Relationales und Prozesshaftes wie z.B. Liebe zu beschreiben[31]. Beschreiben lässt sich bestenfalls nur, wie sich libidinöse und destruktive Strebungen (Todes- und Lebenstrieb) ver- und entmischen (z.B. ROSENFELD 1989).

31 Ich glaube, dass dies nur im Rahmen eines *erweiterten Selbstbegriffes* (als Feld, archetypische Struktur, *unus mundus*) besser gelingen kann. Das so verstandene Selbst ist nicht im Sinne von Subjekt-Objekt-Einheiten, sondern als Kontext und Beziehungsvollzug zu verstehen. Dazu ein kurzes Zitat JUNGS (1987, §432): *Das Selbst aber begreift unendlich viel mehr in sich als bloß ein Ich, wie die Symbolik seit alters her beweist: Es ist ebenso der oder die anderen wie das Ich. Individuation schließt die Welt nicht aus, sondern ein* Ich möchte in diesem Zusammenhang an den archetypischen Anthropos erinnern, der das Selbst als Menschheitsselbst ausdrückt. Genau dieser Archetyp bildet den Mittelpunkt des Christentums wie des Buddhismus (Bodhisattva-Ideal des Mahayana). Vgl. dazu: BURDA (1998) und die in Auseinandersetzung mit Emmanuel LÉVINAS gewonnene These, dass das Selbst bei JUNG nicht exklusiv monadisch als *mein* Selbst zu verstehen ist, sondern sich im Sozialen als *archetypisches Feld von Verantwortung* realisiert. Archetypen werden dabei als *ethische Potenziale* verstanden.

Melanie KLEIN hat den einseitig auf eigennützige Befriedigung zielenden, so genannten *anaklitischen* Liebesbegriff der klassischen Psychoanalyse wesentlich erweitert, als sie in der Beobachtung von Säuglingen zu erkennen meinte, dass die Befriedigung elementarer Bedürfnisse nach Nahrung, Halten und Gespiegelt-Werden eng mit dem – ich bleibe im analytischen Sprachgebrauch – *Objekt* zusammenhängt, das etwa die Nahrung vermittelt und mit der Nahrung selbst verbunden ist – weshalb ab einer bestimmten Reifungsstufe des Säuglings, der so genannten *Depressiven Position*, intensive, aus der Befriedigung erwachsende Gefühle (wie Dankbarkeit, Schuldgefühle wegen eigener aggressiver Impulse, Sorge um das Liebesobjekt, quälende Sehnsucht als Ausdruck dieser Liebe und der Wunsch nach Wiedergutmachung) zu einer Bindung der destruktiven Triebregungen führen. Diese Bindung bewirkt, dass die Mutter nicht mehr als gespalten in geliebte-gute und gehasste-böse Brust, d.h. als Partialobjekt, wahrgenommen wird, sondern als *ganzes Objekt*, als Ganzheit. Erst nachdem das Objekt/die Mutter als Ganzes wahrgenommen werden kann, kann sein/ihr Verlust wahrgenommen werden. Die das Ich bedrohenden Verfolgungsängste aus der vorangegangenen *Schizoiden Position* wandeln sich auf dieser Stufe der Ich-Organisation um in phantasierte Ängste, das gute Objekt verletzt, zerstört und folglich verloren zu haben. Das Kind realisiert in der *depressiven Angst*, dass die Mutter beides ist, dass es sie liebt und hasst.

Ist der Hass zu stark, kommt es zu einer weiteren Spaltung, das Kind erlebt sich etwa als nur schlecht. Depression ist so gesehen das Scheitern der Integration von Hass und Liebe, das Scheitern der *Depressiven Position.* Die Erhaltung des guten Objektes in der *Depressiven Position* wird also gleichbedeutend mit dem Aufbau eines gefestigten, guten inneren Objektes (durch introjektive Identifikation), das imstande ist, die negativen Regungen zu binden. Damit wird Verantwortung für die eigene Wut akzeptiert und gelernt, Ambivalenzen besser zu ertragen. Gleichzeitig bedeutet dies auch, dass die Bildung eines reifen Subjekts antinomisch ist und zwangsläufig mit einer Form von Selbstnegation oder Selbstverlust verbunden ist: Das Eigene wird zugunsten eines größeren Anderen hintangestellt bzw. von dessen Wohlergehen abhängig gemacht. Damit ist also eine stärkere Anerkennung jener ambivalenten Realität verbunden, die die Mutter nicht mehr nur idealisiert oder dämonisiert, sondern als gutes Objekt kennzeichnet, das Fehler und Mängel hat und selbst verletzlich ist. Und: Das Kind erkennt, dass seine Handlungen oder Wünsche vorübergehend zum Verlust des guten Objekts führen, doch dieses kann wieder gefunden und im Inneren wieder hergestellt werden. Die *Wahrnehmung von Ganzheit* ist also abhängig von der Anerkennung von Schwäche, Hinfälligkeit und Bedrohtsein *des anderen* und der Einbindung destruktiver, abgespaltener Kräfte, die die Ganzheit bedrohen. Die derart wahrgenommene Ganzheit ist gewissermaßen unvollkommen, aber vollständiger als ein auf Spaltungen beruhendes Vollkommenheitsideal. Bei PAULUS findet sich der Hinweis, dass – selbst wenn wir alle Erkenntnis hätten, die Liebe aber nicht – wir buchstäblich *nichts* wären. In vollkommenem Besitz von allem, aber ohne Liebe – gegenüber einer Unvollkommenheit, aber fähig zur Liebe: Nur ein verwundbares und unvollkommenes Wesen, das dies sich auch eingesteht und bei seinem anderen akzeptiert, ist der Liebe fähig. Darin liegt das *ultimative Geheimnis der Liebe* (ZIZEK 2000, 185), das wir in Zusammenhang mit Melanie KLEIN herausgearbeitet haben: Unvollkommenheit steht höher als Vollkommenheit. Liebe und Sehnsucht als ihr Ausdruck sowie der Wunsch nach Versöhnung und Wiedergutmachung werden stärker als der vielleicht ältere Hass und schlagen nicht mehr so leicht in diesen um – selbst wenn die Aufrechterhaltung der *Depressiven Position* KLEIN zufolge eine lebenslange Aufgabe ist. Die Mutter gibt insofern das Paradigma der Überwindung elementarer Einsamkeit ab, das sich auf die *Vorrangigkeit der Trauer* (vgl. TURNHEIM 2001, 102) als Reaktion auf den phantasierten Tod des/der anderen gründet.

Was zu ergänzen bleibt, ist noch die Rolle des *abwesend anwesenden* Dritten, des Vaters, in dieser vermeintlich dualen Beziehung. Damit ist nicht nur der reale Vater gemeint, dem das – vom Kind abgezogene und dieses notwendigerweise frustrieren müssende – Begehren der Mutter gilt, sondern auch *Vater Zeit*, den wir im Zusammenhang mit KRONOS-CHRONOS später thematisieren werden. Wenn LACAN die Rolle des realen Vaters gegenüber KLEIN besonders betont – das *neue Ganzheitserleben* der *Depressiven Position* betrifft die Mutter als *Anwesenheit-Abwesenheit* (LACAN 2004, 76) –, so können wir hier den Aspekt der Zeitlichkeit insgesamt betonen. Menschliche Existenz ist zeitlich verfasst und genau dies drückt sich in immer neuen Bezügen aus. Gerade im Wandel dieser Bezüge offenbaren sich die Transzendenz, Selbsttranszendenz und Unabschließbarkeit des menschlichen *Begehrens* (vgl. BORCH-JACOBSEN 1999, 167 f) auf ein Offenes hin sowie die Möglichkeit menschlicher Freiheit und Verantwortung einem je Größeren gegenüber, die auf der Einsicht in diese *ek-sistierende Transzendenz* des Menschen, d.h. auf der Einsicht in die permanent negierende Tätigkeit des eigenen *Begehrens*, beruht.

Die zuvor gestellte Frage, warum der Depressive/Melancholische wider jede Vernunft und Realität an dieser Illusion einer Liebe, die es nie gegeben hat, festhält, könnte man mit dem Hinweis auf das eben Erarbeitete, dass nämlich an der Liebe festgehalten werden muss, da sie das einzige Mittel ist, destruktive Kräfte in Hinblick auf ein je größeres Ganzes zu binden, beantworten. Liebe zeigt in diesem Sinn tatsächlich *das, was im anderen fehlt* (LACAN), und ist immer Liebe für den anderen, wegen seiner Begrenztheit, Hilflosigkeit, ja Gewöhnlichkeit – ein Umstand, der nicht auf eine Verleugnung eines *eigenen Mangels* reduziert werden sollte, jedoch auch nicht ohne diesen Mangel zu sehen ist. Beide, Ich und anderer, sind in ein größeres Ganzes, ins *Beziehungsselbst*[32], eingebunden.

Versteht man das Festhalten an der Liebe also als *Symptom*, so spiegelt dies einerseits die drohende Destruktion des Beziehungsselbst, d.h. einen Bruch im Dasein, in der Lebendigkeit und Zugehörigkeit des somatischen und des kognitiven Selbst zu spirituellen, sozialen und psychischen Welten; andererseits spiegelt es jedoch auch den Versuch, zum Beziehungsselbst zurückzukehren, indem der andere vor Liebe aufgefressen, d.h. in Liebe aufgelöst wird. Wir können nun auch die Frage nach dem Warum eines Regresses in den oralen Komplex stellen, ohne einem einseitigen Narzissmus auf den Leim zu gehen. Dazu machen wir einen Schwenk zu demjenigen Schüler JUNGS, der besonders den *Erocharakter der Urbeziehung* betont, zu Erich NEUMANN: *Oral ist Symbol des Austausches mit der Welt überhaupt ... nicht bloß Ausdruck einer infantilen Libidostufe, sondern das Auftauchen einer archetypischen Symbolwelt* (NEUMANN 1990, 31 f). Oral ist eine *Belichtungsstelle* der Wirklichkeit, eine Art Welterkennen i.S. eines Nach-innen-Nehmens. Die Regression geht deshalb notwendigerweise zur (symbolischen) Mutter, zur *alma mater* (JUNG), zur nährenden Quelle und zu deren *Wandlungscharakter*, da hier der Keim der Ganzheit liegt. Die Milch als *prima materia* (HILLMAN) verbindet Beginn, Mitte und Ende des Lebens miteinander. Gesucht wird also nicht sosehr ein Objekt, um es einzuverleiben, sondern vielmehr ein *Medium*, welches das Selbst verändert. Damit ist der aufbauende Charakter der Oralität betont, die eben nicht nur negativ Einverleibung und Bemächtigung, sondern eine bestimmte positive, aufbauende Form des Aufnehmens, Verstehens und Umwandelns eines ganzen Weltgefüges bedeutet.

Gehen wir einen Schritt weiter: Die Oralität und ihre reiche Bildersprache bezüglich Nahrung, Essen, Verschlingen, Verschlungenwerden sind nicht nur auf eine frühe Libidostufe beschränkt. All das über diese frühkindlichen Stadien Ausgeführte wird auch dann relevant, wenn es im späteren Leben zu einem Verlusterleben kommt – d.h. v.a. in der Trauer nach Objektverlust, der immer auch ein Verlust oder eine Bedrohung eines Beziehungsgefüges ist und es in der Folge tatsächlich zu einer manifesten Depression kommt. Wenden wir uns nun dem Thema Verlust zu!

---

32 GILLIGAN (1999) beschreibt dieses als Erfahrung dreier Grundkomponenten: 1.) ein Zentrum im somatischen Selbst 2.) eine Bezogenheit des kognitiven Selbst in Interaktionen 3.) ein erweitertes Gefühl dafür, einem *Feld* anzugehören, dem das Subjekt, der andere und die *Welt* zugehören.

3.3.3. Chronischer Verlust

Der Verlust, hieß es vorhin bei FREUD, betreffe einen Verlust im Triebleben, sei ein Verlust der Libido bzw. bei JUNG ein Absinken der Libido ins Unbewusste, und der Melancholiker wisse im Gegensatz zum Trauernden nicht, *was* er verloren habe. Er habe die Libido vom verlorenen Objekt abgezogen, um sie im Innern auf viel radikalere Weise an es zu binden – in Form der Identifizierung (Introjektion).Was der ursprüngliche andere für das Ich bedeutete, wiederholt sich im Innern, das Ich ist dann es selbst und zugleich die Spur all seiner Umgangserlebnisse mit dem anderen. Doch wo genau liegt der ursprüngliche Verlust? LACAN hat einmal gemeint, dass wir *als Mutteramputierte* alle Veranlassung hätten, Melancholiker zu werden, was jedoch nicht bei jedem Menschen eintritt. Manche Autoren, z.B. GRUNBERGER oder auch André GREEN, setzen den ursprünglichen Verlust noch viel früher (etwa im pränatalen Leben des Fötus) an.

Nun, verloren kann im Leben buchstäblich alles werden, all die Masken der Libido: die Geldbörse, geliebte Personen, die Heimat, das Ansehen, das Aussehen, die Gesundheit, der Selbstwert, das eigene Leben, die Lebendigkeit, das Ich, alles, was man so ist, womit man sich identifiziert ... die Glaubenssätze, Werte und Ideale ... alles Positive, das uns ausmacht, vielleicht auch alles Negative, wenn man bedenkt, wie sehr sich manche Menschen an ihre Krankheit – so auch an die Depression – klammern (ihr Gewinn dabei ist eine ganz bestimmte Form von Identität mit etwas Verlorenem, eine Identität, die jedoch einen gesunden Selbstbezug und Selbstwert beeinträchtigt). Doch was ist es eigentlich, das wir meinen, wenn wir uns auf uns selbst beziehen? Das Ich – ein Bündel von Anpassungsleistungen an äußere und innere Ansprüche? Etwas, das unser Eigenstes sein soll und das zugleich so allgemein und unbestimmt ist, dass es allen eignen kann (HEGEL)? Etwas, das immer äußere, empirische Reize benötigt (KANT), um sich aktualisieren zu können?

Ist uns nicht irgendwie alles nur bruchstückhaft zugänglich? Unsere Gedanken, unsere Gefühle, unsere Bewusstseinsverfassungen, alle Momente unseres Lebens, unsere leibliche Verfasstheit, unsere Selbstbilder ... : Alles kommt und geht, zieht vorüber wie Wolken am Himmel, fließend ... nichts gehört uns wirklich - auch wenn wir uns als kontinuierliche Identitäten erleben, Tag für Tag, ein Gedächtnis haben, das uns jeden Morgen beim Aufwachen daran erinnert, wer wir sind und in welcher Welt wir leben. Dieses Fließen ist normalerweise subtil, wird kaum bemerkt oder als problematisch empfunden, die Buddhisten haben es zum Ausgang tiefer Erfahrungen über die Leerheit menschlicher Existenz gemacht: Eine Erfahrung, die tief erschrecken kann, ein Fass ohne Boden, das nichts wirklich füllen kann – wie auch in der Depression, wenn dieses Fließen in gewissen starren, die Aufmerksamkeit negativ bindenden Schemata erstarrt und man verzweifelt beginnt, irgendwo in dem kreisenden Strudel einen rettenden Strohhalm zu suchen und sich am eigenen Zopf aus dem Sumpf ziehen zu wollen. Depression ruft diese Einsicht schmerzhaft in uns hervor, die der Buddhismus im Herzsutra mit *Form ist Leere, Leere ist Form* ausdrückt; ein jüdischer Spruch sagt: *Der Mensch ist aus Staub gemacht und sein Schicksal ist es, wieder Staub zu werden ... er gleicht einer zerbrochenen Scherbe, verdorrtem Gras, einer verblühenden Blume, einem vorüberziehenden Schatten, einer sich auflösenden Wolke, einem Windstoß, fliegendem Staub und einem flüchtigen Traum.*

Ich habe vorhin schon das Atmosphärische, archetypisch Feldhafte der den Menschen und seine Umgebung ganzheitlich durchstimmenden Depression erwähnt. Es ist einfach nachzuvollziehen, dass buchstäblich alles tatsächlich diesem Feld unterliegt – nicht nur der betroffene Depressive, der seine Stimmung auf die Umgebung projiziert. Die gesamte Natur ist durchstimmt, durchwaltet von melancholischen Stimmungen, der Dramatik rhythmischer Naturereignisse, dem Kommen und Gehen der Jahreszeiten, dem Keimen, Blühen und Verwelken von Blumen, Pflanzen, Tieren; sogar die Sonne, dieses mächtige strahlende Feuer am Himmel, ja der ganze Kosmos unterliegen diesem Gesetz, wie wir heute zu wissen meinen. Alles ist der *Zeit* unterworfen. Wir können nicht einmal das, was wir als stärkste Gegenmacht der Zeit entgegenhalten – die Ewigkeit –, anders als über zeitliche Begriffe definieren: als *Nunc stans* oder negativ als *Abwesenheit von Zeit.*

KRONOS ist auch der alles verschlingende CHRONOS, der Gott der Zeit und AION. Mit beiden wurde KRONOS bereits in der Antike verschmolzen. Als *Vater Zeit* repräsentiert CHRONOS die härtestdenkbare Verkörperung des Realitätsprinzips, die unumstößliche und unerbittliche Inzestschranke gegen jedes Sich-Niederlassen in glücklichen Zuständen welcher Art auch immer. Und, paradoxerweise ist es gerade er, der uns am Ende des Lebens – folgt man FREUD oder auch JUNG – ins zu Lebzeiten verpönte Reich der Mütter eingehen lässt: Das väterliche Gesetz, das das uneingeschränkte Genießen untersagt, hält gerade durch das Verbot die Illusion dieses Genießens aufrecht. Paradox ist auch, dass man überhaupt Zeit haben muss, um melancholisch sein zu können, Zeit für die Sehnsucht nach etwas anderem, Zeit für den Stillstand, denn die Melancholie ist auch ein eigenes Zeiterleben, dessen Bandbreite vom Stillstand bis zur Beschleunigung und Gehetztheit reicht. Meistens ist der Melancholiker der Vergangenheit ausgeliefert, sie kommt auf ihn zu, nicht die Zukunft, sondern die Vergangenheit, entweder als Ideal oder als nicht enden wollendes Trauma. Der Betroffene ist (und wird sein), was er gewesen ist, verwechselt Vergangenheit und Zukunft, die nicht mehr als imaginierbarer Horizont von Möglichkeiten wahrgenommen werden kann, da es sie gar nicht zu geben scheint. BINSWAN-

GER hat diese Zerstörung der Zeitlichkeit und die dadurch bedingte Zerstörung des lebensgeschichtlichen Bezugs betont. Unmittelbare Folge dieser Entstrukturierung ist die Zerstörung des Verhältnisses zwischen Verlust und Trauer: Nicht ein Verlust bedingt Trauer, sondern umgekehrt die Trauer den Verlust.

Oft scheint es, als würde sich der Melancholiker selbst klonen: *Sein vitales Ich ist bereits gestorben, das melancholische wirkt unsterblich* (WALKER 2002, 71). Das Original ist verloren, es gibt nur mehr Reproduktion des Teufelskreises, der Endlosschleife, die doch irgendwann endet - ein verzweifelter Selbsterzeugungs- und Selbststabilisierungsmythos also, Phantasma eines Begehrens nach ewiger Homogenität eines Gleichen mit sich selbst.

Ich möchte zu diesem Themenbereich ein tragisches Beispiel aus der Jazzwelt (vgl. dazu MILKOWSKI 1995 und BAUMANN 2002) bringen: John Francis PASTORIUS wird 1951 in der Nähe von Philadelphia geboren, durchläuft die übliche Schulkarriere und beginnt Schlagzeug zu spielen. Die Familie zieht nach Florida, die Eltern lassen sich scheiden; den Vater, einen polternden, trinkfesten Entertainer in drittklassigen Bars, sieht er kaum noch. Nach einem Unfall beim Baseball beginnt er als Autodidakt Bass zu spielen und definiert in kürzester Zeit dieses Instrument neu. Ja, mehr noch, er leitet einen Quantensprung ein. Er entfernt die Bünde vom Griffbrett und lässt das Instrument singen wie eine menschliche Stimme, er kombiniert tiefe Töne mit glockenhellen Obertonakkorden und entwickelt eine einzigartige virtuose Technik. Zudem ist er ein begnadeter Komponist. Anfang zwanzig stellt er sich dem damals bereits berühmten Pianisten Joe ZAWINUL mit dem Satz vor: *Ich bin der beste Bassist der Welt.* Kurze Zeit später spielt er im damals innovativsten Ensemble mit, das der Jazz zu bieten hat, der Gruppe *Weather Report* und peitscht diese mit seiner ekstatischen Technik in den Jazzolymp. Unzählige Auszeichnungen und ein Grammy folgen – eine Sensation für eine Jazzgruppe; jahrelang führt er das internationale Ranking als bester Instrumentalist an. Legenden beginnen sich um ihn zu ranken; die heute gefragtesten Bassisten des Jazz schildern den Moment, als sie *JACO*, wie er genannt wird, zum ersten Mal hörten, als Initiationserlebnis; man vergleicht ihn mit anderen Genies wie Mozart, sieht in ihm das größte musikalische Genie des 20. Jahrhunderts – was freilich auch die Hysterie um ihn verdeutlicht.

Indes beginnen sich andere Töne anzukündigen. Er, der *nature boy* mit Spitznamen *Mowgli*, aufgewachsen an den Stränden und im Urwald Floridas, beginnt selbst zu trinken. Der ehemals väterliche Freund Joe ZAWINUL sieht in *JACO* immer mehr den Rivalen. Drogenexzesse und Abstürze folgen. So rasch sein Stern aufgegangen ist, so schnell zieht es ihn in die Tiefe. Ein exzessiver Schatten setzt sich durch und die zum Teil neidische Jazzwelt begeilt sich an skurilen Geschichten: *JACO* glaubt, das World Trade Center erbaut zu haben, schwimmt nackt im Hudson, läuft mit Kriegsbemalung herum, färbt seine weiße Haut mit einem Marker schwarz. Er solidarisiert sich mit den Ausgeschlossenen der Gesellschaft, gibt Konzerte für die Obdachlosen im Central Park; die Auftritte mit *Weather Report* werden zum Glücksspiel, da er mit seinem unberechenbaren und aggressiven Verhalten alle vor den Kopf stößt; ZAWINUL und sein Partner, der Saxofonist Wayne SHORTER, trennen sich von *JACO*, der nun selbst auf der Straße landet, Autos knackt etc. Ein manisch-depressives Mischbild wird diagnostiziert, er wird kurzfristig behandelt, setzt die lebensrettende Medikation jedoch wieder ab; Freunde helfen ihm kurzfristig, können ihn jedoch nicht mehr auffangen. Sein Schicksal erfüllt sich vor einem Nachtclub, in den er nicht eingelassen wird; er provoziert einen Streit, der Türsteher schlägt das Bündel Mensch brutalst nieder. *JACO* liegt ein paar Tage im Koma, dann werden die Maschinen abgeschaltet. Er ist knapp 36 Jahre alt und hinterlässt vier Kinder aus zwei gescheiterten Ehen und einen Mythos. Zerbrochen ist John Francis an *JACO*, dem Übermenschen, den die Welt in ihm sehen wollte – worüber er sich in stillen Stunden oft bei nahen Freunden beklagte. John Francis hat Angst, dem von ihm selbst gesetzten Standard nicht gerecht zu werden, er spielt *JACO*, bis dieser ihn auffrisst; er klont sich selbst, seine Persona und auch seine markanten Basslinien werden zu leeren Stereotypen, das Innere ist weg; weg ist der Mensch, der ahnte, nicht alt zu werden, ein Mensch, dem man nachsagte, ursprünglich die Liebenswürdigkeit in Person gewesen zu sein, und der andere mit *Who loves ya?* zu begrüßen pflegte.

Kehren wir nach diesem tragischen Beispiel zurück zu KRONOS als *Vater Zeit*, dem paradoxerweise selbst melancholische Züge zukommen. DÜRER hat uns davon ein einzigartiges Bild hinterlassen, das wir vorhin schon betrachtet haben. Auch KRONOS hat allen Grund zur Melancholie, und zwar insofern, als er – wie jeder andere Mensch auch – dem Gesetz unterliegt, das er zeitweise verkörpert. Auch er ist, wie der Mythos berichtet einer, der abtreten muss, um erneut in die verborgenen Tiefen, in die *zeitmahlende Himmelsmühle des archaischen Kosmos* (von DECHEND), herabzusinken, aus denen er einst auftauchte. Und auch er ist einer, der eine dunkle Ausgangslage überwinden musste. Aus Angst, dieses Schicksal auch erleben zu müssen hat er sogar seine Kinder verschlungen. Die erste *Götterdämmerung,* KRONOS' Sturz, thematisiert sich auch im verkündeten *Tod Gottes* – vom Tod des Großen Pan am Ende der Antike über Christus bis hin zur postmodernen Trauer über die *Abwesenheit Gottes* im Sinne eines letztbegründenden Prinzips und zum *Verlust des Messianischen* als vielleicht *der Determinante der gegenwärtigen Situation* (STEINER 2001,15) in religiösen wie säkularen Programmen. Mit der Hoffnung auf Letzteres verlieren wir die Hoffnung selbst, das Letzte aus Pandoras Büchse, und damit den Zugang zur Zukunft, den Zugang zu den für unser Überleben so unentbehrlichen Optativen und Konjunktiven. Damit sind wir in der gleichen Situation wie KRONOS, der seine Kinder verschlingt. Auch KRONOS ist nur die *Invariante einer Präsenz*, die es nie als solche gegeben hat und geben wird, wie man im postmodernen Jargon formulieren könnte! Und dennoch, wie zum Trotz ertönt der Ruf: *Der König ist tot, es lebe der König!* Der (symbolische) Vater muss abtreten und verkörpert sich in ewiger Wiederkehr unter neuem Namen wieder.

Dazu vielleicht eine kleiner Exkurs: Die Bezeichnung *Vater* meint eigentlich nicht den persönlichen, leiblichen Vater oder Nährvater; Letzterer ist in allen indoeuropäischen Sprachen der *atta*, *tata*, oder *abba* (vgl. BENVENISTE 1993, 163 ff). Vater hingegen ist die durchgehende Bezeichnung des obersten Gottes der indoeuropäischen Völker: sei es vedisch *dyeu pater*, *Zeu páter* oder *Jupiter*; doch selbst wenn man diese Unterscheidung zwischen dem universellen *Vater Himmel* und dem leiblichen Nährvater in Betracht zieht: Selbst die Regentschaft der Väter ist trotz der Zirkularität ihrer Namen endlich. Es ließe sich also die Frage stellen, ob wir in Bezug auf *den* Vater, d.h. den *Großen Vater*, je die *Depressive Position* erreicht haben. FREUD zufolge erfolgt die *normale ödipale Realisierung* (LACAN 1997, 252) – die Integration und Introjektion des ödipalen Bildes – über den Weg eines imaginären Konfliktes (wohingegen im neurotischen Modus die imaginäre Realisierung über den Weg einer symbolischen Geltendmachung des Verhaltens erfolgt). Der Vater gehört dadurch *einer in sich geheiligten Realität an, geistiger als jede andere* (ebd. 254), denn seine Funktion ist empirisch nicht feststellbar. Diese Funktion des Vaters als *anwesende Abwesenheit* hängt FREUD zufolge mit dem Mythos des Vatermordes zusammen. Auf der individuellen Ebene ist es nun so, dass der Hass gegenüber dem Vater in der ödipalen Konstellation verschwindet, sobald der Sohn aus dem Schatten der väterlichen Autorität heraustritt, d.h. wenn er den Vater nicht mehr als Verkörperung seiner symbolischen Funktion wahrnimmt, sondern als verwundbares, davon abgekoppeltes Wesen. Der Hass richtet sich nun auf *die Dimension seiner Einschreibung in die soziosymbolische Struktur aufgrund meiner Liebe für ihn als einer einzigartigen Person* (ZIZEK 2000, 135). Der Hass verschiebt sich also auf das Kollektive und es wäre zu fragen, warum die Überwindung des ödipalen Dilemmas auf persönlicher Ebene nicht ausreicht, das *Unbehagen* mildern zu können. Hier geht es meiner Meinung nach darum, den Vater als *Paradigma der Verlassenheit* und dieses als ein dem Vater-Arch*eth*yp inhärentes Phantasma anzuerkennen.

Der König ist tot, es lebe der König! In diesem Zusammenhang ist nun folgendes Paradoxon zu erörtern: Das *Paradoxon der Souveränität*. Es besagt, dass der *Souverän* außerhalb *und* innerhalb der Rechtsordnung steht: Um Recht zu schaffen, braucht er nicht Recht zu haben; souverän ist derjenige, der den *Ausnahmezustand* ausrufen kann, er setzt sich somit außerhalb des Rechts – und er kann dies nur, indem er sein *nacktes Leben* aus dem Kontext löst, da es mit der Welt der Lebenden unvereinbar geworden ist. Der Souverän ist somit der Punkt der *Ununterscheidbarkeit zwischen Recht und Gewalt.* Das Gesetz wird durch einen gewaltsamen Einschluss, eine *einschließende Ausschließung,* begründet und aufrechterhalten, das Muster der Herrschaft lässt sich schön anhand der Formel *Es gibt keine Kannibalen mehr, den letzten haben wir gefressen* illustrieren. Das, was ausgeschlossen werden soll, die Gewalt, kann nur durch Gewalt ausgeschlossen werden. Das Gesetz ist in seiner reinsten Form *Geltung ohne Bedeutung*: Verlassenheit, Ausgesetztsein, *Bann*; die abendländische Geschichte ist eine Epoche der Verlassenheit: Dem Absoluten des Gesetzes ausgeliefert ist man außerhalb jeder Rechtsprechung. An den beiden äußersten Enden der Rechtsordnung sind nun interessanterweise der Souverän und der *homo sacer* (vgl. dazu AGAMBEN 2002) symmetrisch: In beiden Fällen ist das *nackte Leben* an eine politische Funktion gebunden, die *zoe* (Leben als Tatsache) ist *bios* (Art und Weise zu leben) geworden – Paradigma des nackten, aus dem Kontext gelösten Lebens, das mit der Welt der Lebenden unvereinbar ist.

Auf unterster Ebene ist der *homo sacer*, der Friedlose, der Wolfsmensch, Warg, Werwolf, Geächtete, derjenige, der straflos getötet werden durfte und somit der Prototyp des Ausgeschlossenen, weder Mensch (soziales Leben) noch Tier (natürliches Leben). Der *homo sacer* der römischen Rechtsordnung ist insofern *heilig*, als er von der souveränen Ausnahme erfasst ist; *sacer esto* ist keine Fluchformel, sondern Formel der Auferlegung des souveränen Bandes: Er durfte straflos getötet, jedoch *nicht* den Göttern geopfert werden. Auf oberster Ebene ist nun auch das Leben des Souveräns *in Bann genommenes Leben* und damit Verlassenheit und Ausschluss: Derjenige, der die Ordnung garantieren muss, der symbolische Vater, der Urvater, *muss* tot sein (*Siehe Abb. 3*); sein Leben wird genommen und gegessen. Die Gründungsgewalt, die Garantie für Fruchtbarkeit und für die symbolische Ordnung, die nur durch den toten, symbolischen Vater gewährleistet werden kann, rückt den Herrn in die Nähe des Wolfmonsters (vgl. den lykäischen Zeus) – daher töten wir ihn. Die Bestattungszeremonien französischer Könige (ein Wachsabbild des Königs wurde sieben Tage lang wie der König behandelt und danach verbrannt) und der Abbildritus römischer Kaiser (der Tod des Kaisers setzt einen heiligen Überschuss an Leben frei, der durch einen so genannten Koloss neutralisiert werden muss – der Kaiser hat *zwei* Leben, ein natürliches und ein heiliges, das im doppelten Begräbnis fixiert und vergöttlicht werden muss) belegen die strukturelle Ähnlichkeit des politischen Körpers des Königs und des tötbaren, aber nicht opferbaren Körpers des *homo sacer*.

Von hier aus gesehen, von der Durchstimmtheit nicht nur der Natur, sondern auch der Kultur mit Melancholie, stellt sich die Frage, ob man Depression berechtigterweise überhaupt noch als subjektiven, privaten, unausgedehnten Seelenzustand ansehen kann, als *unsere Depression*, geschweige denn als etwas objekthaft Behandelbares. Der *subjektive Gegensatz* ist ein *Einzelfall der Weltgegensätze* (JAFFÉ 1982, 337), die Psyche hat eine Weltstruktur. Der im Zusammenhang mit der Depression viel zitierte *Verlust* ist nicht nur etwas Individuelles, sondern ins Ganze eingeschrieben. Wenn wir dies in Betracht ziehen, ist Depression nicht mehr nur eine besondere Reaktion, die den Menschen vor Desintegration schützt, wenn ein Verlust nicht anders bewältigbar ist, sondern der *Geheimnisspiegel*, in dem wir nicht nur uns, sondern immer eine ganze Welt erblicken. Damit bekommt auch das Wort *Archetyp* den Sinn, nicht nur eine *anthropologische Konstante*, sondern v.a. ein *ethisches Potenzial* zu sein, also etwas, das unser Handeln im Hinblick auf Individuation und das Ganze des *unus mundus* bestimmt. Der Arch*eth*yp, um den es hier hauptsächlich geht, ist der Arch*eth*yp des *Vaters*, dessen *ethisches Potenzial* auch bei JUNG oder Erich NEUMANN nicht vollständig realisiert wird, wie kritisch anzumerken ist (vgl. BURDA 2005). Ein Hauptziel meiner Arbeit ist deshalb gerade die Sensibilisierung für dieses *ethische Potenzial*, das gegen die gängige Spaltung von Trauer und Melancholie eine *Ethik der Versöhnung* von Trauer und Melancholie in Aussicht stellt, die nicht nur für die therapeutische Situation relevant ist, sondern auch für die gesellschaftspolitische, interkulturelle und interreligiöse.

Vorhin wurde schon der deutsche Philosoph Hermann SCHMITZ erwähnt, der Gefühle und Stimmungen als ganzheitliche, das Erlebnisfeld durchstimmende *Atmosphären* aufzufassen vorschlägt, die gleichsam *in der Luft liegen* wie eine Wetterfront, wie ein Klima, das jeder Aufteilung in Subjekt-Objekt vorausliegt und uns über den so genannten *spürbaren*, in den *Weiteraum eingebetteten Leib* ergreift. Diese Atmosphäre ergreift jedoch nicht nur unseren Leib, sondern unsere gesamte seelische Verfasstheit – nicht nur auf der individuellen Ebene, sondern auch auf der kollektiven. Unser ganzes Streben geht dahin, uns diesem Sog entgegenzustemmen, und hier, an dieser Grenze, dem Übergang zwischen Sein und Nichtsein, einem Werden zwischen Sinn und Sinnlosigkeit, zwischen Genese und Auslöschung, in diesem *Bardo* zwischen Leben und Tod, das der Großteil der Menschen so erfolgreich ausblenden kann – ausgerechnet hier richtet sich der Depressive ein, ja gewinnt gewissermaßen seine Identität daraus. SLOTERDIJK nennt es die Gemeinsamkeit von Depression mit der Metaphysik, dass *die Vorwegnahme des Nichts den Zugang zu einer Immunität* ermöglicht, also gewissermaßen eine Form von Identität stiftet, eine paradoxe, über Negationen geschaffene Selbstaffirmation – ein Schutzmechanismus, der uns vor dem Schlimmeren vollständiger Desintegration bewahrt.

Bei entsprechender Disposition können der Verlust des Arbeitsplatzes, ein Umzug, die Pensionierung, das Einsetzen von Pubertät oder Klimakterium, eine leichte Kränkung, ein abgestellter, einsamer Traktor auf einem Feld, eine wegkippende Zigarettenasche ..., aber auch angenehme Ereignisse wie ein Urlaub etc. die Katastrophe der Dekompensation auslösen; eine Katastrophe, die das Selbst- und Weltgefüge mitreißt: Der so genannte Objektverlust ist immer ein Verlust von Identifikationen, von Bezugssystemen, in denen man zuhause war. Und eigentlich geht es um den *Verlust eines Ganzheitserlebens*, in dem man mehr oder weniger aufgehoben und geborgen war, eingelebt, unmittelbar, vielleicht unbewusst und irgendwie heil, obwohl vielleicht wesentliche Kräfte der Zerstörung ausgeblendet waren.

Nun: Ein eigentümliches Licht fällt auf die Welt, im schlimmsten Fall ist sie ganz eingestürzt und man steht da – in einer Welt, die irgendwie nicht mehr so ist wie früher, alles kann anders und fremd geworden sein. Die psychiatrischen Termini dafür sind *Derealisation* und *Depersonalisation*[33], denn auch man selbst ist anders, fremd – auch wenn ein Kern irgendwo im Inneren dies noch als anders oder fremd registrieren kann ..., ichdyston, die Realitätsprüfung ist noch irgendwie intakt, aber von unvorstellbarer Angst überlagert; das Ich wird dadurch weiter regressiv verändert, wenn das Angstsignal keine adaptiven Reaktionen auslösen kann. Die Welt befremdet durch Fratzenhaftigkeit, Blöße und Erstorbenheit. In der Psychoanalyse gilt Depersonalisation als Ergebnis *dissoziativer Selbstbeobachtung* und als Auswirkung kontroversieller Selbstrepräsentationen (wobei die gestörte innere Objektbeziehung zu Abhängigkeit von äußeren Objekten führte) und als ungerichteter Zustand auf mittlerem Strukturniveau zwischen Panik und Phobie, zwischen Neurose und unreifer Abwehr (Borderline) und zwischen *Depressiver* und *Paranoider Position* (vgl. ROSENFELD 1989). Sie tritt dann auf, wenn es um verleugnete Verlusterlebnisse geht (Verlust = Kontrolle der inneren und äußeren Welt ist verloren gegangen), Entfremdung ist *Verleugnung des Verlustes*, Verleugnung der äußeren Realität und vor allem auch der gefährlichen Phantasien.

Die *Derealisation* ist oft gepaart mit einem abgrundtiefen *Grauen* als *Atmosphäre gegenstandsloser Bedrohlichkeit*, die jeder Zentrierung ermangelt. Hermann SCHMITZ beschreibt in seiner Phänomenologie *Gefühle als ortlos ergos-*

33 Oft finden sich hier kontroversielle Identifikationen mit widersprüchlichen Über-Ich-Ansprüchen und einem Loyalitätskonflikt, der umgangen werden soll. Die Depersonalisation ist jedoch keine komplette Abwehr, die Affekte bleiben, und die Anstrengungen und die kompensatorische Aufmerksamkeit verschärfen die Depersonalisation. Die Folge ist oft eine Intensivierung narzisstischer Handlungen (Bestätigung in Beziehungen, Sport, Pflege – ein altes Realitätsprüfungsritual, bei dem man sich an den Grenzen des Körpers versichert) und häufig eine sekundäre Hypochondrie als Ausdruck des Bedürfnisses, eine fassbare Ursache für das Fremdheitsgefühl zu haben und dieses zu begrenzen. Die Depersonalisation nimmt bei geringer werdender Abhängigkeit von äußeren Objekten ab (vgl. dazu WURMSER 1993).

sene, leiblich ergreifende Atmosphären (SCHMITZ 1998, 63 f). Für mein Thema ist besonders die einseitig *zentripetale diffuse Bangnis*, die oft im Vorfeld von Psychosen auftritt, interessant: Der sonst neutrale Erlebnishintergrund ballt sich zur aggressiv-aufdringlichen Atmosphäre einer *reinen Erregung* zusammen, die sich dann in *Furcht* konkretisieren kann oder in diffuser, ungerichteter Angst frei flottiert. Zwischen *Bangnis* und Furcht liegt das *Grauen* als *Zwittergebilde von atmosphärischem Zerfließen und hemmender Fixierung*, das eintritt, wenn *Bangnis* einen Menschen mit leiblicher Angst ergriffen hat. Der Dichter Heinrich KLEIST schreibt in einem Brief an seine Schwester: *Der Mensch gleicht in solchen Augenblicken einem gewendeten Igel, nach außen das nackte, bloße Nervenfleisch, nach innen die Stacheln. Alles wird zum Anlass für Schmerz, jeder Lufthauch, jeder Gedanke* (zit. bei FÖLDENYI, in: WALTHER 1999, 153). Es wurde nicht zu Unrecht gemeint, dass die *melancholische Angst*, die oft ungebunden losbricht und das bisschen Ich sich irgendwo einen Anhaltspunkt für diese Angst suchen lässt, indem sie einen – wenn auch wahnhaften – Inhalt vorgibt, dass diese Angst eine Reaktion auf die Wahrnehmung der Derealisation und Depersonalisation, der Veränderung des Selbst- und Weltverhältnisses, darstellt. Ein Spezifikum *psychotischer Angst* ist, dass das Gewohnte seine Vertrautheit vollständig verliert: In ihrem psychotischen Kern ist es die Angst vor Verlust der Möglichkeiten der Selbstbildung und -bindung (vgl. dazu KRAUS, in: LANG/FALLER 1996, 113). Die Wahnthemen wären dann bereits Anker im drohenden Nichts, die die weitere Desintegration eindämmen: weil es nicht mehr gelingt, ein gutes inneres Objekt aufrechtzuerhalten oder gute von schlechten Objekten auseinander zu halten. Diese Angst radikalisiert jene von Fritz RIEMANN in seinem Standardwerk *Grundformen der Angst* (1991) beschriebene *neurotische depressive Angst*: die Angst davor, ein eigenständiges Ich zu werden, die Angst vor Verlust der Geborgenheit, vor dem Herausfallen aus der Mutter-Kind-Beziehung, in der das Du überwertig wird und man sich unterordnet, in passiver Erwartungshaltung verharrt, Fütterung erwartet oder selbst füttert, den anderen zum Kinde machend (man idealisiert, verharmlost, vermeidet dadurch aggressive Regungen und letztlich Individuation).

Auch in der *Daseinsanalyse* werden Depression und Melancholie als *Versuche der Selbstflucht* gesehen. Das Selbst wird verstanden i.S. eines Wesens, das sich durch Weltoffenheit und Freiheit auszeichnet – was gleichbedeutend ist mit: Verlust von Geborgenheit, der Einsicht, dass Leben nur unter nichtigen Bedingungen zu leben ist, und der unvermeidlichen Übernahme der Schuld, sich dieses Leben anzumaßen. Depression sei ein *Leiden an eben dieser Weltoffenheit*, eine *defiziente* Seinsweise, die Weigerung, dies für sich zu übernehmen, und ein Festhalten an der Illusion der Erfüllung des Unmöglichen, statt dies, die Nichterfüllbarkeit, endgültig zu betrauern; dabei geht es primär nicht um Objektverlust, sondern um eine Grundbedingung unseres Seins als Mensch, das infolge eines Objektverlustes aufbricht. Trauerarbeit ermöglicht ein *Weiterleben unter enttäuschten Bedingungen*[34] und eine gelassenere Haltung dem Unvermeidlichen gegenüber, das gerade der fürsorgliche, zuverlässige und angepasste *Typus melancholicus* als bedrohlichen Riss im Gefüge übermäßig wahrnimmt. Wir finden in der Daseinsanalyse eine ähnliche Entwertung der melancholischen Verfassung wie in der Psychoanalyse[35]: Melancholie wird zugunsten eines Seins vor dem Hintergrund des Nichtseins als defizient zurückgewiesen. Der Philosoph Martin HEIDEGGER ist einer der geistigen Väter dieser therapeutischen Richtung: Die Annahme des eigenen Todes und der daraus erfolgende Lebensentwurf sind bei HEIDEGGER *die* Grundbedingung dafür, ein selbständiges Wesen zu werden. Depression/Melancholie als *Nichtsein* vor dem Hintergrund des Seins steht hier also einem (angenommenen) *Sein* vor dem Hintergrund des Nichtseins gegenüber. Ich meine, dass dies eine tatsächliche Verkürzung des Phänomens darstellt und nicht bloß ein leeres Wortspiel ist. In der tieferen Analyse zeigt sich nämlich, dass die Melancholie nicht – wie man auf den ersten Blick meinen könnte ein *Nichtsein* vor dem Hintergrund eines Seins ist, sondern sich in einem *Bardo* dazwischen einrichtet, dass sie ebendiese Spaltung nicht mitmacht, sie vielmehr in der *Schwebe* hält, da sie eigentlich beide Pole in einem Bild von Ganzheit unterbringt – ganz im Gegensatz zu den typisch manichäischen Strategien, die eins vom anderen spalten.

Um dies zu verdeutlichen und dem Phänomen Depression *im Ganzen* gerecht zu werden, ist es notwendig, jene wissenschaftliche Disziplin zu befragen, in der es (noch) um ein Ganzes geht, obwohl dieses Ganze selbst nur mehr ein abstraktes Residuum eines ursprünglicheren mythischen Ganzen ist: die Metaphysik. Damit verlassen wir die Sphäre der Ringe des SATURN und nähern uns an den Ereignishorizont des archetypischen Kernbereichs an. Das Bild (*Siehe Abb. 4*) des Renaissancemeisters Lucas CRANACH, in dem drei Putti versuchen, eine

34 Alice HOLZHEY-KUNZ (1994) sieht die therapeutische Arbeit mit Depressiven darin, deren Symptome nicht – wie die Psychoanalyse – als Kompromiss widerstrebender Triebregungen zu deuten, sondern als angemessene *Antworten auf die individuell versäumte, defiziente Seinsweise*: Die depressive Selbstentwertung sei keine Selbstverkennung, sondern genuiner Ausdruck der Tatsache, dass man seinem Dasein etwas schuldig bleibe; die Schuldgefühle sind also berechtigt. Leere, Langeweile und Sinnlosigkeit seien als Abblendung der Fähigkeit, sich der Welt zu öffnen, zu interpretieren, und die melancholische Trauer sei eine Verweigerung der konstitutiven Einsicht, dass wir endliche, vom Absoluten getrennte Wesen sind.

35 Vgl. dazu auch die Überschneidung der Entwertung von Melancholie und Weiblichkeit – thematisiert bei IRIGARAY, KRISTEVA und besonders bei Judith BUTLER im Kapitel *Freud und die Melancholie der Geschlechtsidentität* (in : Das *Unbehagen der Geschlechter*, Frankfurt 1991).

Kugel mit Hilfe zweier Stangen durch einen Reifen zu stoßen, mag als nachdenklich stimmender Ausklang dieses Kapitels und als Einstimmung auf das nächste dienen. Welche Welt wird da aus den Angeln gehoben? Ist das *Große Runde* ein Objekt? Ist es das unnennbare X, das wir durch den Reifen rollen wollen, um es zu einem benennbaren Gegenstand machen zu können? Oder ist es die alles verschlingende Leere eines Schwarzen Lochs im Zentrum unserer Existenz? Oder ist es jenes unnennbare X, das sich zu einer Welt ganz anderer und neuer Art entfalten möchte?

(Abbildung 3) Die Kastration Saturns, 1. Drittel des 15. Jahrhunderts
Kupferstichkabinett, Dresden

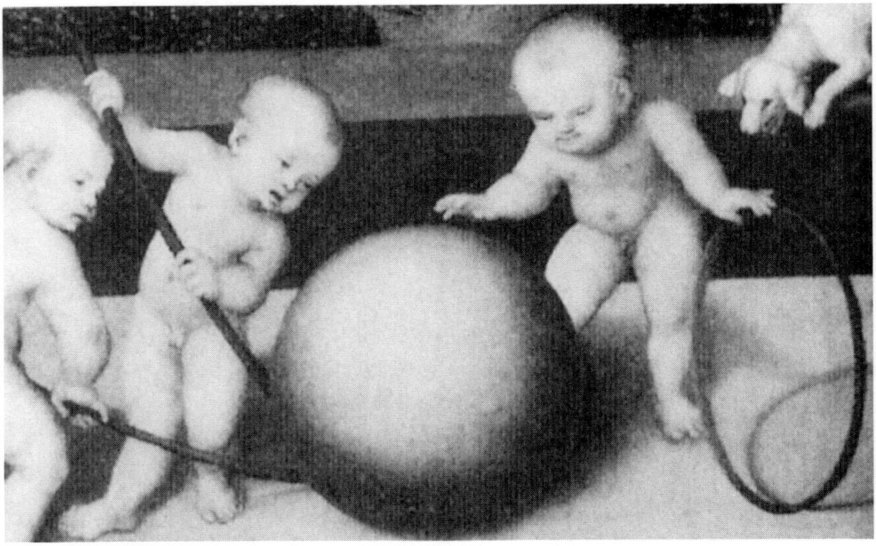

(Abbildung 4) Lucas CRANACH, Melancholie, 1532 (Ausschnitt)
Statens Museum for Kunst, Kopenhagen

4. Der Schatten der Metaphysik: nichts

Es gibt einen geheimen Zusammenhang zwischen Depression und Metaphysik. Einerseits ist Depression insofern metaphysisch vorbelastet, als es ums *Ganze* geht, und umgekehrt gilt auch, dass die Metaphysik, wie wir gleich sehen werden, ihrerseits melancholisch vorbelastet ist. Auch über ihr schwebt eine dunkle Wolke – der Schatten des Verlustes. *Metaphysik* nannte und nennt sich die altehrwürdige Wissenschaft, die über die Welt der *physis* hinausgehend das Ganze des Seins bedenken möchte – und in ihr, die selbst im Zuge des griechischen Rationalismus als entzaubernde Gegenbewegung zu den alten Kosmologien und Mythologien entstand, lässt sich *das* grundlegende Motiv auch unserer heutigen Wissensdisziplinen, ja unseres Denkhorizontes insgesamt nachweisen. Sie ist Zeugnis der parallel zur Emanzipation des menschlichen Selbstbewusstseins einsetzenden Götterdämmerung der alten Mythen und beerbt von den freilich bereits dort auftretenden Ambivalenzen der ersten Heroen, Götter und Titanen. Es wird gesagt, sie nehme ihren Anfang im *Staunen, dass etwas ist und nicht nichts*, und in der Frage, warum dies so sei. Die Antwort darauf lautete: Weil *Sein* ist. Sein, an dem wir durch unsere Existenz und besonders durch unser *Denken* Anteil haben. Mit der Entdeckung des Seins fällt in eins eine Welt, die der Sphäre des ewigen Werdens und Vergehens scheinbar entzogen ist. Und an dieser Sphäre des Seins haben wir seit PARMENIDES Anteil – durch unser Denken: *Dasselbe sind Sein und Denken*, lautet der berühmte Satz. Mit dieser Antwort war scheinbar eine den Menschen beruhigende Heimat gefunden, aus der keine Vertreibung mehr möglich schien – vorausgesetzt freilich, dass man nur richtig *dachte*.

Die Depression – und nicht erst all die kritischen Denker vor allem des 20. Jahrhunderts – hat uns bezüglich dieser Immunisierungsstrategie freilich immer schon eines Besseren belehrt. Im 20. Jahrhundert, als man das Ende aller Metaerzählungen, den Tod Gottes, das Ende der Geschichte, das Ende des Menschen (als Mittelpunkt der Schöpfung) und das Ende der Metaphysik mit ihren als gescheitert erachteten Versuchen der Letztbegründung konstatierte, war es der bereits erwähnte Philosoph Martin HEIDEGGER, der provokant meinte, Metaphysik sei nicht *zu* Ende, sondern *am* Ende, da sie in Gestalt der *Technik* jene Wirklichkeit geworden sei, in der sich der Mensch zum Herrn der Natur aufgeschwungen habe. Kurz gesagt: Alles, was ist, ist nur als Gedachtes, d.h. Konzipiertes, und als solches etwas Beherrschbares. Jeder *Gegenstand* ist genau das, als was er vorgestellt wird. Alles ist Objekt. Alle Wesen, alle Dinge, der Mensch, die Welt, Gott, buchstäblich alles. Der kürzlich verstorbene französische Philosoph Jacques DERRIDA hat ein paar Jahrzehnte später HEIDEGGERS *Destruktion* einer Metaphysik der Präsenz weiter zur *Dekonstruktion* radikalisiert: Alles, was ist, ist reduziert auf den synthetisierenden Akt des Denkens, Sein wird vom Anwesen als Gedacht-Sein entworfen. Die Metaphysik verfährt innerhalb zweier Zeithierarchien: einer Zeit der Präsenz (des Bewusstseins, des Sinns, der *Anwesenheit*) und einer Zeit der *Abwesenheit* (das Unbewusste, die Psychose, der Tod, der Nicht-Sinn), die aus Ersterer abgeleitet gedacht wird, um eine Ordnung der Vernunft und des Logos zu etablieren. Die Sprache der Metaphysik sei bestimmt durch eine asymmetrische Hierarchisierung binärer Begriffspaare (Zeit-Ewigkeit, Anwesenheit-Abwesenheit, Mensch-Gott, Bewusstsein-Unbewusstes) und ein Vergessen der alles entscheidenden *Differenz*. Der Sinn wird von einem Zentrum illusionärer Präsenz (z.B. das Bewusstsein) her zu legitimieren versucht, das es nie als solches gibt, sondern nur als Ableitung, als Wiederholungen und Nachträglichkeit: Jede vermeintliche Präsenz ist nachträglich und nicht originär. Die abendländische Geschichte ist deshalb eine Geschichte von einander substituierenden Zentren (Sein, Gott, Subjekt etc.). Fazit: Es gibt keinen transzendentalen Signifikanten, von dem her alles Sinn und Bedeutung bekommen kann, sondern nur das Spiel der Zeichen. *Dekonstruktion* versteht sich deshalb als Umschreibung des vorgängigen Textes – so, dass angegriffene und verteidigte Positionen nicht mehr so polar erscheinen – daher: Einsicht in die Schuld gegenüber der Tradition, die es als solche jedoch nicht zu bewahren oder zu feiern gilt, setzt voraus: hinreichend autonom zu sein, um die grundlegende Alterität anzuerkennen, die jede Institution möglich und unmöglich zugleich macht, also hinreichend autonom zu sein, um die Unmöglichkeit der Autonomie anzuerkennen, die sich darin äußert, dass die Bedingungen der Möglichkeit eines Phänomens zugleich die Bedingungen der Unmöglichkeit seiner Reinheit sind. Ich habe das vorhin am Beispiel *Liebe* zu verdeutlichen versucht: Liebe ist als *reine* Liebe nicht möglich, sie ist immer von einer Art Nicht-Liebe durchdrungen, die selbst zur Bedingung der Möglichkeit von Liebe wird.

Nun, bei aller Beschwörung eines Sicherheit gebenden Seins der antiken Metaphysik wusste man irgendwie gleichzeitig – und oft verdrängt oder mittels komplizierter Erklärungsstrategien gebannt –, dass es nicht nur um das begeisterte Staunen darüber, *dass nicht nichts ist*, gehen kann, sondern auch um die entsetzte Erkenntnis von der Hinfälligkeit und Bedrohtheit alles Seienden, die Erkenntnis eines Mangels: Etwas Wesentliches fehlt, ist nicht da – selbst wenn wir es uns vorstellen können und den Mangel fühlen oder ahnen. Der *horror vacui* ließ sich nicht bannen, selbst wenn dieser Schatten nur zu gerne verdrängt werden sollte. Der verdrängte Schatten der Metaphysik und der Anfang aller

Philosophie und Wissenschaft sind eine tief greifende *Enttäuschung* über alle empirischen Objekte. Eine Kette von Verlusten sucht unser Leben heim, die auf die *eine* dunkle Wunde weisen. *Jeder Verlust* enthüllt den Verlust *meines* Seins (KRISTEVA) und des Seins insgesamt. Man ist abgeschnitten von einem unnennbaren höchsten Gut, das kein anderes Objekt je zu ersetzen imstande wäre.

Sein oder Nichtsein – das ist nicht nur die Grundfrage Hamlets (und Hamlet ist ein direkter Nachfolge von KRONOS: *Amleth – Amlodhi* steht für Dummkopf, Einfaltspinsel und ist die isländische Entsprechung zu SATURN), sondern diejenige unseres Denkhorizontes insgesamt. Sogar unsere Maschinen tragen dieses Erbe in Form des binären Codes. Alles, was ist, ist als solches nur vor dem Hintergrund einer nichtenden Bedrohung, die keine letztendliche Sicherheit aufkommen lässt. Am Rande des Seins stehen wir wie Caspar David FRIEDRICHS *Mönch* vor dem Meer des Nichts. Albert CAMUS hat deshalb den Suizid als einziges ernsthaftes Problem der Philosophie bezeichnet, und die provozierende Frage, ob es nicht besser wäre, nicht gewesen zu sein, selbst wenn das eigene Leben weitgehend geglückt ist, ist nicht einfach vom Tisch zu fegen. Denn: Selbst völlige Glückseligkeit könnte unsere existenzielle Rechnung bestenfalls *nur* egalisieren. Sollten wir also nicht lieber all unsere Seinsversicherungen aufgeben und uns einem *absoluten Nichts* anvertrauen? Lesen wir dazu folgende Passage: *Mit dem Tod Gottes, den die hilfsbedürftige Menschenseele ... als Tod eines Vaters erlebt, fühlt sie sich kosmisch vereinsamt. Und auch wo sie selber den Gottesmord begeht, fühlt sie sich von dem ungeheuren Ereignis so geschlagen, dass das unendliche Nichts ihr zum Negativ des bisher Heiligsten und Mächtigsten wird. Das gottverlassene Menschenkind trauert in der Grenzenlosigkeit seiner Depression einem unendlichen Verlust nach. Mit dem Ende des Unsterblichkeitsglaubens wiederum verliert es jede jenseitige Rückversicherung. Nach dem Vater ist es auch mit dem Vaterhaus nichts. Und wenn die insgesamt eher von mütterlich-symbiotischen Sehnsüchten geprägte Mystik einen bergenden Schoß verhieß, so sind die Menschen jetzt ohne metaphysisches Elternpaar völlig schutzlos ihrer transzendenten Heimatlosigkeit ausgesetzt, verwaiste Kinder des Nichts: Wo geh'n wir denn hin, immer ins Leere, am Himmel kein Halt, die Erde hohl, der Mensch nichtig, alles Seiende eine bloße Maske des Nichts. Der passive, nicht wie bei Mephisto aktiv werdende Nihilismus ist von der einst auf die Natur projizierten Furcht vor dem Leeren gepackt, die jetzt mit keinem Seinssubstitut mehr kompensiert werden kann. Das Nichts aber kennt weder Verlust noch Entbehrung. Es droht weder mit Tod noch mit Vereinsamung. Es ist genauso wenig der Schrecken einer Leere, in der alles Etwas vergeht, wie das Versprechen einer Fülle, die das begrenzte und nichtige Etwas zum Alles erweitert, genauso wenig der Abgrund eines schwarzen Nichts, der alles verschlingt, wie die Helle eines „weißen Nichts“ (Jean Paul), das alles entbirgt. Es ist vielmehr – nichts* (LÜTKEHAUS 1999, 725).

Wäre es also nicht wirklich besser, einem *absoluten Nichts* den Vorrang zu geben vor einem Sein, das immer mit einem Mangel behaftet ist (und sei es nur der, dass sich Sein nur vor dem Hintergrund des Nichts etablieren kann)? Nun, ein Buddhist würde darauf wohl verneinend antworten – mit dem Hinweis, dass dieses uns verstimmende Nichts genauso *leer* wie alle anderen Phänomene sei und es an den karmisch verursachten Täuschungen unseres Bewusstseinsstromes liege, dass wir deshalb depressiv würden und dies mit jedem Gedanken weiter aufrechterhielten. Die Identifizierung mit der Depression sei ein Rückzug auf das *leere Selbst*, und das bedeutete eine einseitige Identifizierung, denn, auch negative Erfahrungen gehörten dazu, die *vollständige Leerheit des Selbst* – und damit die Einheit von Leere, Klarheit und Mitgefühl – voll und ganz zu realisieren (vgl. EPSTEIN 1998, 213). Der Zustand der gekränkten (narzisstischen) Unschuld, das Beharren auf der eigenen Hohlheit und Leere, mit der man sich identifiziert, seien aufzugeben, die Dämonen in Ahnen zu verwandeln und zur Ruhe zu betten – anders gesagt: Die *Vorwürfe* sind *in Bedauern* (BALINT) zu verwandeln, denn der ungestillte Hunger kann nie gestillt werden. Die Ursachen des Leidens sind so gesehen zugleich die Mittel zur Erlösung.

Auch KRONOS hat diese Frage, ob es nicht besser wäre, einem *absoluten Nichts* den Vorrang zu geben, buchstäblich *aus dem Bauch heraus* beantwortet, indem er, der erste *Prothesengott*, die Ureltern mit einem Schnitt seiner Sichel trennte, um sich damit zugleich die schöpferische Potenz anzueignen. Er ist damit Ahnherr einer aus dem Dunkel heraustretenden, sich für das Sein entscheidenden Kraft geworden, der wir als Einzel- wie Kollektivwesen verpflichtet sind, auch wenn es uns nicht bewusst ist. Er ist damit Gründungsvater der Metaphysik – und damit auch Ahnherr aller mit der Entzweiung einhergehenden Zweifel – geworden – ein *Gott der Gegensätze* (KLIBANSKY) oder besser: einer, bei dem jene Gegensätze aufgebrochen sind, die sich in allen menschlichen Errungenschaften wie Technik, Wissenschaften und Künsten widerspiegeln. Als solcher führt KRONOS uns auch in die Geheimnisse von Macht, Machbarkeit und Ohnmacht ein, denn dem *horror vacui*, um den herum sich Kultur aufzäumt, d.h. der primordialen Leere, die nur allzu leichtfertig mit der verschlingenden Mutter (Natur) oder dem fremden Weiblichen identifiziert wird, kann er nie endgültig entkommen.

Es gilt nun, einen entscheidenden Aspekt weiter zu bedenken: Ebendiese sich für das Sein entscheidende Kraft wird in der sich dem Nichts zuneigenden Depression suspendiert, aber in der Melancholie *in Schwebe* gehalten: Ein *Bardo*[36] tut sich auf, aus dem eine neue Welt, ein neues *Ethotop*, entstehen könnte, das nicht bloß die Fortsetzung eines uroborischen Kontinuums ist, sofern es gelingt, die destruktiven Kräfte verantwortlich zu binden. Der Schatten der Metaphysik, einer Wissenschaft, die dazu angetreten war, das Ganze von Grund auf zu erhellen und eine letzte Bastion der Sicherheit im stürmenden Nichts zu bieten, fällt, so ist zuzugeben, schließlich auch auf die Metaphysik selbst – nicht zuletzt auch im Urteil des selbst ernannten Metaphysikers, der über alles Seiende das vernichtende Urteil spricht, vor dem es ihm selbst am meisten graut: nur seiend zu sein; alles ist nur seiend, d.h. ein Kompromiss, und nicht das ewige unveränderliche Sein selbst[37].

Es scheint also, als gebe es wirklich keinen Ausweg aus den Zwängen der Metaphysik und kein Entkommen aus deren Schatten, kein Entkommen aus der uroborischen Dialektik von Sein und Nichts, die vielleicht auf das Wechselspiel von Vater und Mutter bezogen werden kann: Das mütterliche Ursein, in dem der Vater nichts ist, wird durch die nichtende Kraft des Vaters zu jenem Nichts, dem gegenüber sich das väterliche Sein etabliert, das nun seinerseits ständig dem Sog des mütterlichen Nichts ausgesetzt ist und schließlich verschlungen wird.

Wir kennen ebendieses Schema auch aus der Entwicklungspsychologie, wo einer *Mutter der Abhängigkeit* ein *Vater der Befreiung* als Vorbild des (als männlich vorgestellten) Ich und dem Unbewussten das Bewusstsein gegenübergestellt werden. Vielleicht sollte man, so mein Vorschlag, anstelle dieser negativen Dialektik einer ethisch relevanten *Gleichursprünglichkeit* den Vorzug geben – der Gleichursprünglichkeit von *Raum und Gesetz*: Raum, der das (ethische) Gesetz hervortreten lässt, und Gesetz, das den Raum der Bezogenheit strukturiert. Das ist meiner Meinung nach genau die *Urszene des ethischen Subjekts*, das für beides, für den Raum und für das Gesetz, im Zuge seiner Individuation die Verantwortung zu übernehmen hat.

---

36 Der stereotype Vorwurf ZIZEKS, dass JUNG einem innerhalb der *GROSSEN KETTE DES SEINS* verbleibenden (heidnischen) Denken verhaftet bleibt, erscheint insofern als platte Reduktion und zeugt von einem grundlegenden Unverständnis, das sich auch bei ZIZEKS Thematisierung des Buddhismus auf unangenehme Weise bemerkbar macht (ZIZEK 2002, 137).

37 Die klassische Metaphysik beruht auf der Verbindung einer *einwertigen Ontologie* (Sein ist, Nicht-Sein ist nicht) mit einer *zweiwertigen Logik*, die es unmöglich erscheinen lässt, dass eine *bejahte Verneinung* (das *seiende Nichts*) bzw. eine *verneinte Bejahung* (das *nichtsangereicherte Seiende*) i.S. einer *dreiwertigen Logik* denkbar wären. Entweder sind die (platonischen) Ideen das eigentlich Seiende und die Materie ist eine Art Nicht-Sein oder die Materie wird substantialisiert und die Ideen sind nichts (vgl. SLOTERDIJK 2001, 216 ff).

Was uns *nach* der Metaphysik den beiden vorhin erwähnten – freilich auch sehr umstrittenen – Meisterdenkern HEIDEGGER und DERRIDA zufolge bleibt, ist vielleicht gerade deshalb die *Trauer*. DERRIDA, von dem behauptet wird, er habe seine *Trauerarbeit hinsichtlich der Metaphysik noch nicht abgeschlossen* (BENNINGTON 1994, 156), gibt uns zu bedenken, dass wir keine Sprache bewohnen können, die anders wäre als diejenige der Metaphysik – also eben jener Sprache, die zu dekonstruieren er angetreten ist. Das Verhältnis der *Dekonstruktion* zur Metaphysik ist folglich das einer Verschuldung und daher von Trauer geprägt. DERRIDA (ebd. 179 ff) bezeichnet sich selbst als *satyr galatea*, als *Halbtrauer-Satyr ohne Konfession*, d.h. als Schmetterling, dessen Färbung eine Mischung aus Weiß und Schwarz aufweist. HEIDEGGER wiederum geht einen anderen Weg, er überwindet nicht die Metaphysik, sondern vollendet sie, indem er sie in ihren Grund *verwindet.* Er verkündet, dass sich uns in der *Weltnacht* der Seinsvergessenheit das *Heilige* entzieht und die Welt heillos wird. Das Heilige bleibt jedoch als *Spur der entflohenen Götter* dem, der vernehmen kann, offen und die angemessene Haltung ist die *heilige Trauer*, in der die Götterferne als *Ferne* zu Bewusstsein kommt. Diese *Bedrängnis* gilt es auszuhalten und nicht vorschnell durch irgendwelches menschliches *Gemächt* zu füllen (vgl. dazu: PÖLTNER 1991, 18 f). Auf diese Weise hält die Grundstimmung der Trauer den Raum des Heiligen offen, den *Wesensraum der Gottheit*, in dem der *letzte Gott* im Zentrum des *Gevierts* erscheinen kann. In seinem Spätwerk entwirft HEIDEGGER das *Geviert* als ein neues Gefüge der Lebenswelt und als Einheit von *Erde, Himmel, Göttlichen und Sterblichen* (1978) im *Spiegel-Spiel der weltenden Welt.* Es liegt mir fern, mich hier auf HEIDEGGERS Philosophie, in der Lächerliches und Erhabenes ineinander fließen, als solche einzulassen. Ich möchte aber an das von mir vorgeschlagene Wort *Komplexring* erinnern, das dazu diente, alle vom Menschen aufgestellten Theorien als Ausdruck eines Ringens mit einem grundsätzlich Unerkennbaren zu charakterisieren. Obwohl HEIDEGGER ein ausgesprochen anti-anthropozentrischer Grundzug eignet, bedient er sich just des Ausdrucks *Ring*, um ebendieses vom Menschen Unabhängige zu bezeichnen: Der weltenden Welt *entringt* sich als das *Gering des Ringes* die Einheit der *Vier* in das *Ringe ihres Wesens*. Die Welt als Welt *weltet* und der *Ring erglänzt.*

Doch siehe da: Nachdem die Menschen (die *Sterblichen*) ihre Vorrangstellung abgetreten haben, erscheint im Zentrum des *Gevierts* – der *Gott*, und nur ein Gott kann uns bekanntlich retten. Wenn wir uns das unten abgebildete *Geviert* (nach PÖLTNER 1991, 59) ansehen: Ist es am Ende gar *der* Gott, der *Himmel* und *Erde* trennt/getrennt hat? Wenn dem so ist, dann ist er uns Menschen gar nicht so fern und *zukünftig*, wie unser Philosoph vermutet hat, und wir befinden uns mitten in der mythischen *Urszene* und ihrer *Kerndynamik.* Das Erglänzen des Ringes bezieht sich dann freilich nicht auf ein mysteriöses zukünftiges Jenseits, sondern eben auf die Welt, auf KRONOS′ Welt – und insofern bereits auf die Dimension des Komplex*ringes*.

Himmel
:
:
Gottheit
:
:

Göttliche ---- *Gottheit* ---- DER GOTT ---- *Gottheit* ---- Sterbliche

:
:
Gottheit
:
:
Erde

KRONOS, der Ursprung und Vater der Metaphysik, ist also auch das geheime telos. Es erstaunt nicht, dass HEIDEGGER in *Die Grundbegriffe der Metaphysik* in altehrwürdiger aristotelischer Weise kundtut: *Alles schöpferische Handeln ist in der Schwermut* (HEIDEGGER 1983, 270). Das von der Fotografin Digne Meller MARCOVICZ geschossene Foto aus dem Jahr 1968, das den Philosophen mit auf die linke Faust gestütztem Kopf an seinem Schreibtisch sitzend zeigt, mutet seltsam vertraut an. Wir sind dieser Geste schon bei DÜRERS *Melencolia* begegnet.

5. Die archetypische Kerndynamik

5.1. Kronos I. – die mythische Urszene in Hesiods *Theogonie*

Mythen spielen in der Entstehungsgeschichte psychoanalytischer Theoriebildung eine unverzichtbare Rolle, sie sind eine Art Verbindungsglied zwischen einer *Wissenschaft vom Besonderen und einer allgemeinen Anthropologie* (RUHS 2002, 221). So basiert der freudsche Diskurs auf zwei großen Erzählungen – dem Mythos von Narziss und der Geschichte von Ödipus, und der jungsche Diskurs ist von jeher auf das Finden des je eigenen Mythos ausgerichtet, was nicht eine Einordnung in ein kollektives Geschehen bedeutet, sondern eine dem Mythos gegenläufige Bewegung beinhaltet. Wie ist das zu verstehen?

DEVEREUX vertritt die Ansicht, dass Mythen *ich-dystone insights* darstellen, die *zu stark sind, um verdrängt zu werden, und zugleich zu peinlich, als dass man sie auf sich selbst bezöge* (vgl. ebd. 224). Mythen drücken demzufolge eine Wahrheit aus, die man so umschreiben könnte: Es ist nicht mir passiert, sondern jemand anderem. Der *latente* Inhalt des Mythos ruft ein Echo im Unbewussten des Hörers hervor, während der *manifeste* Inhalt den Mythos Mythos sein lässt, d.h. erlaubt, ihn *nicht* auf sich selbst zu beziehen[38]. Der KRONOS-Mythos ist nicht das schlechteste Beispiel für diese Art Spaltung.

In der *Analytischen Psychologie* geht es nun bekanntlich darum, den zentralen Mythos der je eigenen Lebensgeschichte ausmachen zu können. James HILLMAN beschreibt dies in einem schönen Bild: *Analytische Psychologie ist vor allem eine Wissenschaft von den unbewussten Prozessen. Diese Prozesse können mit Bächen oder Flüssen verglichen werden, die sich zu einem großen Strömungssystem des Individuationsprozesses vereinigen, das jedes Menschen-*

38 Demzufolge verbannt Kultur als *Ensemble standardisierter Abwehrmechanismen* (ebd.) gegen charakteristische Konflikttypen durch ihre Mythen und Glaubensvorstellungen diese aus dem *privaten* Umgang: *So wie der Familienroman des Neurotikers die subjektive Umformung und Verfälschung seiner individuellen Lebensgeschichte zur Vermeidung der Bewusstwerdung unerträglicher Konflikte darstellt, ist der Mythos auf kollektiver Ebene das Feld, auf dem eine Gemeinschaft ihre verdrängten Wünsche und Wahrheiten dennoch äußern kann. Man könnte auch sagen, dass der Mythos ein gesellschaftlicher Traum ist, weshalb die psychoanalytische Metapsychologie von vornherein durch eine enge Beziehung mit dem Mythischen gekennzeichnet ist* (ebd. 224 f).

wesen durchzieht und das Individuum auf seiner Reise zum großen Meer Schritt um Schritt seine eigene Gestalt suchen und finden lässt. Die einzelnen unbewussten Abläufe können auch als Mythologeme verstanden werden oder als mythische Fragmente, die im täglichen Verhalten und in Träumen zutage treten und in ihrer Gesamtheit den zentralen Mythos zum Ausdruck bringen, der hinter der individuellen Ausprägung jedes einzelnen Menschen steht. Die Analyse strebt danach, den Fluss der symbolischen Fragmente zu beleben und sie in ihrem Streben nach Vereinigung im zentralen Mythos zu unterstützen (HILLMAN 1980, 85).

Wenden wir uns nun, nach diesen einleitenden Bemerkungen, dem Mythos zu, der nicht nur Relevanz in Bezug auf unsere persönlichen Lebensgeschichten hat, sondern auch in Bezug auf unsere kollektive Geschichte. Wir verdanken seine Überlieferung HESIOD. Er und HOMER, so ist bei HERODOT zu lesen, schufen den Griechen ihre Götter. HESIOD lebte zwischen 740 und 670 v. Chr., er war Schafhirt am Abhang des Helikon, hatte Land von seinem Vater geerbt und schildert in der *Theogonie* seine Berufung durch die Musen und die Entstehung und Ordnung der Welt, die in Zeus gipfelt. ALEXANDER der Große nennt ihn einen Dichter für Bauern, HOMER einen für Könige. In der *Theogonie* wird die Welt nach langem Kampf ein Kosmos. Frühe Vorläufer des Werkes sind vorhomerische Gedichte, die *Ilias* (die von der Gefährdung des Zeus durch KRONOS berichtet), böotische Mythen (z.B. das Motiv der Hundertarmigen) und Sukzessionsmythen aus dem kleinasiatischen Raum, so besonders der hethitische *Gesang vom Königtum im Himmel*: Alalu ist König im Himmel, Anu (sumer. *An* bedeutet Himmel), diente ihm neun Jahre, dann stürzt er ihn und Alalu flieht auf die Erde. Nach weiteren neun Jahren kämpft Kumarbi mit Anu, beißt ihm das Geschlecht ab und spuckt es wieder aus, als er hört, dass er dadurch mit drei schrecklichen Gottheiten schwanger ging.

Hören wir nun HESIODS Erzählung, die ich gestrafft und in Anlehnung an den Originaltext wiedergeben möchte. Ich folge dabei hauptsächlich der Übersetzung von Otto SCHÖNBERGER (1999) und werde nur einige Motive dieser gewaltigen Erzählung beleuchten können – die Motive, die in engerem Zusammenhang mit KRONOS stehen:

Zuerst war das Chaos (gähnende Leere des Raumes), danach die breitbrüstige Gaia, niemals wankender Sitz aller Unsterblichen, die den Gipfel des beschneiten Olymps und den finsteren Tartaros bewohnen ... weiter entstand Eros, der schönste der unsterblichen Götter, der gliederlösende, der allen Göttern und Menschen den Sinn in der Brust überwältigt und ihr besonnenes Denken. [...] Gaia brachte zuerst, ihr gleich, den sternenreichen Uranos hervor, damit er sie ganz bedecke und den seligen Göttern ein niemals wankender Sitz sei. Weiter gebar sie hohe Berge, liebliche Göttersitze für Nymphen, die zerklüftete Höhen bewohnen. Auch das unwirtliche Meer ... doch ohne verlangende Liebe. Dann aber gebar sie, von Uranos umarmt, den tiefwirbelnden Okeanos, Koios, Kreios, Hyperion und Iapetos, dazu Theia, Rheia und Themis, Mnemosyne, Phoibe und die liebliche Tethys. Nach diesen wurde als jüngster der Krummes sinnende KRONOS geboren, das schrecklichste ihrer Kinder. Der hasste den strotzenden Vater. Dann gebar sie die Kyklopen, die ein trotziges Herz haben, Brontes, Steropes und den ungestümen Arges. ... Stärke, Gewalt und List war immer in dem, was sie taten. Andere stammten von Gaia und Uranos, drei riesige, ungestüme Söhne, die man nicht nennen soll, Kottos, Briareos und Gyges, die überheblichen Kinder ... hundert Arme ... fünfzig Häupter über derbgedrungenen Gliedern und maßlos gewaltige Stärke wohnte in ihrer Riesengestalt. Alle, die von Erde und Himmel stammten, waren schrecklich-gewaltige Kinder und dem Vater von Anfang an ein Gräuel; kaum war eines geboren, verbarg sie Uranos alle im Schoß der Erde, ließ sie nicht ans Licht und freute sich noch seiner Untat. Die riesige Erde aber wurde im Inneren bedrängt, stöhnte und ersann einen böse listigen Anschlag. Rasch erschuf sie den grauen Stahl, machte eine Sichel ... hetzte die Kinder gegen den Vater auf: Ihr meine und eines ruchlosen Vaters Kinder, wollt ihr mir gehorchen, so können wir die Schandtat eures Vaters vergelten. Er hat als erster sich die schimpflichen Werke ausgedacht.

Alle ergriffen die Flucht. Der große, Krummes sinnende KRONOS jedoch fasste Mut ...: ich kenne nicht Schonung für unseren Vater, der seines Namens nicht wert ist; er hat nämlich als erster sich die schimpflichen Werke ausgedacht. Die riesige Erde freute sich. Sie barg ihn in einem Versteck, gab ihm die Sichel in die Hand und lehrte ihn die List. Es kam der große Himmel, führte die Nacht herauf, umfing die Erde voller Liebesverlangen und breitete sich ganz über sie. Der Sohn griff aus dem Versteck mit der linken Hand nach ihm, die Sichel in der rechten, mähte das Geschlecht des Vaters ab und warf es hinter sich ... all die blutigen Tropfen empfing Gaia und gebar die Erinyen, die Giganten und die Nymphen. Das Geschlecht aber ... trieb lange in den Wogen und rings entstand weißer Schaum .. darin wuchs ein Mädchen ... Aphrodite ... geschlechtsliebend, weil sie aus dem Geschlecht ans Licht trat. Eros gab ihr das Geleit und der schöne Himeros folgte ihr [...] Seine Kinder aber, die er doch selbst gezeugt hatte, nannte ihr Vater, der große Himmel, schmähend Titanen. Er sagte nämlich, sie hätten sich frevelnd gereckt und schwere Untat begangen; das müssten sie später büßen. Mit dieser Tat nahm die Urzeugung ein Ende und es folgte die Herrschaft des KRONOS, das Goldene Zeitalter, in dem Honig aus den Eichen floss. Rheia, von KRONOS bezwungen, gebar ihm glänzende Kinder, Hestia, Demeter und die goldbeschuhte Hera, den mächtigen Hades ... dessen Herz ohne Mitleid ist, dazu den dröhnenden Erderschütterer und den klugen Zeus, den Vater der Götter und Menschen, von dessen Donner die weite Erde erzittert. KRONOS verschlang seine Kinder, kaum dass sie geboren waren, er wünschte nicht, dass ihm dasselbe widerfahren sollte – dies hatte er von Gaia und Uranos als Bestimmung erfahren.

Als Zeus geboren werden sollte, klagte Rheia den Eltern ihr Leid, Gaia nahm Zeus auf Kreta entgegen, KRONOS verschlang an seiner statt einen in Windeln gewickelten Stein. Der Schreckliche merkte nicht, dass statt des Steines der Sohn zurückblieb, unbesieglich und unerschrocken, der ihn bald mit starker Hand vom Thron stürzen und selbst über die Götter herrschen sollte. Zeus wird auf Kreta von Nymphen aufgezogen, mit der Milch der Ziege Amaltheia genährt, die Kureten klappern mit Schilden und Speeren, um sein Geschrei zu übertönen, er wächst schnell heran und stürzt den Vater. Zeus heiratet später die Okeanide Metis, die dem KRONOS ein Brechmittel verabreicht, sodass er die fünf übrigen Kinder ausspeit, besiegt von List und Gewalt des eigenen Sohnes. Zuerst erbricht er den Stein, den er zuletzt verschlungen hat. Den stellt Zeus auf die breitstraßige Erde im heiligen Pytho am Hang des Parnassos als Zeichen für künftige Zeiten und Wunder für sterbliche Menschen. Zeus erlöst auch seine Vaterbrüder und herrscht über Menschen und ewige Götter. [...] Iapetos führte Klymene, die fesselschöne Okeanostochter, heim, die den Atlas, den Frevler Menoitios, den gewandten, listigen Prometheus und den Toren Epimetheus gebar. Den Frevler Menoitios warf Zeus in den Erebos, Atlas aber trägt unter starkem Zwang den weiten Himmel am Rande der Welt und band den listigen Planer Prometheus mit unlösbaren, schmerzenden Fesseln [...] Es folgt ein zehn Jahre währender Krieg, in dem KRONOS mit Hilfe der Giganten und Zyklopen in den Tartaros gestürzt wird, wo die Hekatoncheiren ihn bewachen; der ausgespuckte Stein wird von Zeus in Delphi aufgestellt, zum Nabel der Welt. Der Sieg wurde durch Gaia entschieden, die den neuen Göttern das Geheimnis des Sieges verriet: Die drei Hundertarmigen (Briareos, Kottos und Gyes) wurden mit Nektar und Ambrosia gestärkt und halfen aus Dankbarkeit dem Zeus. Mit ihren dreihundert Händen warfen sie Steine, KRONOS stürzte neun Tage und neun Nächte (ein eherner Amboss), die Nacht legte sich dreifach um die Mauern der Feste, Poseidon legt eine eherne Tür darüber, bewacht von den Hundertarmigen [...] Dort haben die dunkle Erde, der finstere Tartaros, das unwirtliche Meer und der sternenreiche Himmel Ursprung und Grenzen, schaurig und modrig, so dass sogar Götter Grausen ergreift; ein riesiger Schlund [...] Davor hält Atlas den weiten Himmel ohne zu wanken ... dort, wo Nacht und Tag einander begegnen ... Dort wohnen auch Hypnos und Thanatos, Kinder der finsteren Nacht und schreckliche Götter [...].

Die Orphiker meinten, dass KRONOS vom Honig berauscht war, als Zeus ihm Fesseln anlegte – seither sei er der König der Götter auf der *Insel der Seligen*, am äußersten Rand der Erde, umweht von den Lüften des Okeanos, in einem Turm lebend. Das Schicksal, gefesselt zu werden, drohte übrigens auch Zeus – durch seine Geschwister Hera und Poseidon und durch seine Tochter Pallas Athene. Doch Tethys schickte Briareos, einen der drei Hundertarmigen, aus den Tiefen des Meeres, der sich neben Zeus setzte, was die Götter bewog, ihren Plan fallen zu lassen.

KRONOS ist in der Darstellung des *Kleinen Pauly* ein vorgriechischer *Saat- und Erntegott*, ein *urweltlicher Allgott* und ein *Götterkönig*. Der Name stammt von assyr. *Qarnu*, hebr. *Qeren* und bedeutet Horn. BAAL QARNAIM (Herr der Bergspitzen), der Höhenkult der elischen Priesterkönige auf dem Kronion-Hügel von Olympia und die Verbindung mit der mediterranen Erd- und Mottergottheit Rhea lassen auf seine Herkunft als altanatolischer Höhengott schließen, der vom indogermanischen Zeus verdrängt wurde. Er hat teils chthonisch-phallische, teils siderische Aspekte; die gezähnte Sichel ist neolithisch und ebenso mondförmiges Schnitterwerkzeug wie gekrümmtes Kampfmesser, vereinigt also lunare wie solare Komponenten. Als weitere gegensätzliche Motive lassen sich nachweisen: KRONOS als Regent der *Aetas aurea*, als sinnend-träumender Bewahrer uralter Weisheit, sowie seine prähellenische Bestialität (Eviration und Devoration), die sich beim phoinikisch-punischen BAAL MELQART findet, dem Menschenopfer dargebracht wurden; der Präzedenzfall geht auf den phoinikischen KRONOS-EL zurück, der seinen Sohn eigenhändig in der Not opfert und als vieräugiger, vierflügeliger kosmischer Allgott dargestellt wurde. Die Vierheit drückt sich auch in Göttertetraden aus: phoinik. ELIUN-URANOS-EL KRONOS-DEMARUS, ZEUS-HADES-HELIOS-DIONYSOS. Als solcher war er das Vorbild für den mithr.-gnost. CHRONOS-AION (urspr. drei chronoi) bzw. auch für den hellenist. omnipotenten Urgott PANTHEOS in Form von Mensch, Schlange, Löwe, Stier; der im *Kleinen Pauly* erwähnte Streit, ob dieses Urwesen der Ewigkeitsgott KRONOS-ZERVAN – ein *Agathangelos* – oder eher der satanische AHRIMAN sein könnte, ist bezeichnend für die urtümliche Ambivalenz von schöpferischer wie tödlicher Potenz.

KRONOS war *anax* (*wanaks*), d.h. Inhaber höchster Macht, ein Titel, der nur den höchsten Göttern (z.B. Apollon) vorbehalten war und sich vom griech. *basileus* (i.S. von örtlicher Anführer) wesentlich unterscheidet, da ein Gott nie *basileus* genannt wird (vgl. BENVENISTE 1993, 312). Interessanterweise ist jedoch ebendieser Hoheitstitel *wanaks* ein Berührungspunkt mit dem Namen SATURN, der, wie wir gleich erkunden werden, auf *ksa* (i.S. von *ksatrya*) zurückgeht und damit in die Nähe der Bedeutung von *basileus* gerät: Wer mit *ksa* ausgestattet ist, ist Träger königlicher Macht, ihm werden die drei *ideologischen Funktionen* (DUMÉZIL), d.h. *souveräne Macht*, *physische Kraft* und *Fruchtbarkeit*, zugeschrieben. Der König (*basileus*) gilt als Urheber und Garant des Wohlstandes, das Bild des nährenden Anführers ist z.B. noch im engl. *Lord* (*hlaford*, *hlaf* = Brot) nachweisbar; es ist seine mystische Kraft, die sich in den Lebewesen und der Natur rundum in Fruchtbarkeit entfaltet. Bei Versagen des Königs, z.B. nach einer verlorenen Schlacht bei den Burgundern, oder auch nach einem Unheil wurde der König oft rituell getötet.

Der lateinische Name SATURN geht sogar auf noch ältere Wurzeln als der Name KRONOS zurück. Ursprünglich bezeichnete er eine italische Flur- und Saatengottheit, einen Hüter des Reichtums, den Herrn über Maße und Gewichte und den Erfinder der Münzprägung. KRONOS und SATURN wurden bereits in der Antike und später in der arabischen Astrologie und Naturphilosophie miteinander verschmolzen. SATURN oder SAETURN leitet sich ab von sanskr. *Ksatra* (*ksatriya* – Mitglied der Kriegerkaste), iran. *ksa, xsay* – Herr sein, verfügen über und zugleich das Gebiet, über das i.S. einer absoluten Herrschaft verfügt wird –, was sich noch im Wort *Satrap* und *Schah* auffinden lässt. Weitere verwandte Formen sind sanskr.*Yama*, avest. *Yima xsaeta* und pers. *Jamshyd.* Als Personifizierung bezeichnet *Xsatravairya* eine der Gottheiten, die die *Heiligen Unsterblichen* genannt wurden: *die Urform dessen, was in der Heilslehre des prophetischen Judentums und des Christentums zum Himmelreich geworden ist ... eine iranische Auffassung* (BENVENISTE 1993, 307).

Wenden wir uns nach diesem Blick in die Etymologie HESIODS *Theogonie* und KRONOS′ phantasmatischer Urszene zu: Es ist eine Urszene voller Gewalt. FREUD scheint hier mit seiner Behauptung Recht zu haben, dass der Hass älter als die Liebe ist – selbst wenn der alles hervorbringende Eros als Urgottheit neben Gaia und Tartaros genannt wird, der als *Liebesbegehren* in Erscheinung tritt. KRONOS′ Vater ist Uranos, der sternenreiche Himmel, seine Mutter Gaia, die diesen Himmel aus sich entlässt und selbst – gleichursprünglich mit Eros und Tartaros – aus dem ursprünglichen Chaos, dem klaffenden Schlund, entstanden ist. In einer anderen Version (PLATON, *Timaios*) sind Okeanos und Tethys die Eltern des KRONOS. Bei HOMER ist Okeanos die am äußersten Rand der Erde in sich zurückströmende Zeugungskraft, die alle Wasser der Erde speist und die sogar unter Zeus′ Herrschaft an ihrem Platz bleibt, obwohl sich die Ureltern schon bei HOMER der weiteren Zeugung enthalten. Uranos und Gaia verlieren ihre alte Mächtigkeit streng genommen ebenso wenig und wirken etwa als beratende, weissagende Kraft im Hintergrund weiter. Auch diesen Aspekt wird KRONOS als in der Tiefe gefesselte (melancholische) Orakelweisheit ausdrücken. Eine dritte große Entstehungslehre verdanken wir den Orphikern: Am Anfang war die Nacht Nyx, vor der selbst Zeus heilige Furcht empfand; sie wird als Vogel mit schwarzen Flügeln (*corvus*, der Rabe in der Alchemie) vom Wind befruchtet und legt in der Urnacht ein silbernes Ei, aus dem Eros (Protogonos) mit goldenen Flügeln hervortritt. Als Phanes bringt er alles ans Licht – den oberen Teil des Eies, den Himmel, und den unteren, die Erde; Erde und Himmel beginnen sich als Folge der Tat des Eros zu begatten und zeugen die Geschwister Okeanos und Tethys.

Im Mythos haben Gaia und Uranos Kinder – alle schrecklich gewaltig und *dem Vater von Anfang an ein Gräuel*: Kaum war eines geboren, verbarg es Uranos im Schoß der Gaia, ließ es nicht ans Licht und freute sich seiner Untat, heißt es in der *Theogonie*. KRONOS, der *Krummes-Sinnende*, wie er auch genannt wird, ist das jüngste und schrecklichste ihrer Kinder und wird es als einziges wagen, die Hand gegen den Vater zu erheben – aufgestachelt von Gaia, seiner Mutter.

Von Anfang an: Beachten wir diese Formulierung, die der Mythos wählt: Der Anfang ist chaotisch, der Himmel entstanden aus Gaia, in deren Namen noch das anfängliche Chaos mitschwingt, d.h. es ist von Anfang an keine geordnete Welt, geschaffen von einem Schöpfergott – der in manchen Mythen als *einsam* beschrieben wird und sich nach einem Gegenüber sehnt. Anklänge daran gibt es in den Schöpfungsmythen vieler Naturvölker. Auch in der Kabbala etwa und im Sufismus weiß man von einer geheimen Traurigkeit an der Quelle. Bei HESIOD ist es völlig anders: Es gibt keinen Gott, der *ex nihilo* schafft oder einen geordneten Kosmos ins Leben ruft; es gibt auch keine wechselseitige Abhängigkeit von Demiurg und Geschöpf, geschweige denn eine ethische Bindung. George STEINER (2001, 40) führt aus, dass die griechische Schöpfung aus dem Chaos einen *Riss* impliziert, ein gewaltsames Zerreißen, aus dem alles hervorgeht, einen Riss, dem nichts Ungeborenes vorangeht. Daher finde sich in der griechischen Poetik und Philosophie ein ständiges Unbehagen gegenüber dem Undenkbaren und Irrationalen – bildlich gefasst als Tod, Schlaf, Wahnsinn und Nichtsein. Die griechische Existenz ist eine Existenz an der Schwelle, angesiedelt zwischen unausdrückbarem Nichtsein und Geschaffenem, es gibt keine Interaktion (wie im hebräischen Denken), das Chaos selbst ist außerhalb jeder Grammatik; Schöpfung ist bloß Fortpflanzung, sie ist libidinös und gewalttätig.

5.2. Himmel: im Schatten des Vaters

Uranos, KRONOS′ Vater, ist – regressiv gedeutet – selbst gewissermaßen vaterlos, der Himmel ist (noch) kein transzendenter, progressiver Ort, ja er ist nicht einmal die bergende Kuppel, als die ihn unser Sehvermögen wahrnimmt, sondern – ähnlich der heutigen Sicht vom sinnentleerten, kalten, unendlichen Universum, das uns umfangen hält – die äußere und zugleich äußerste Hülle des mütterlichen Claustrum. Schließt man sich der der *mütterlichen Linie* folgenden Interpretation HESIODS an, so ist Uranos streng genommen der Sohn Gaias, lebt also im Inzest mit der Mutter. Diesen Wunsch könnte man analytisch als

Wunsch, sich vom Ursprung her selbst zu zeugen, selbst zu begründen, sehen. JUNG sah die Aktivierung inzestuöser Phantasien nicht als auf den konkreten Inzest zielend, sondern als Regression auf die prägenitalen Bilder des Unbewussten auf der Suche nach Ganzheit und Wiedergeburt, d.h. er verstand den Inzest symbolisch, als *Metapher für die Regression auf prägenitale Objektbeziehungen* (BOVENSIEPEN 1999, 12). Wir begegnen dabei Phantasien von der gewaltsamen Rückkehr in den Mutterleib, vom Auffressen der Mutter und von der Zerstörung und Kontrolle ihres Inneren – der Babys, des Phallus – und von der Aneignung weiblicher Potenz; das eigene verzehrende Bedürfnis nach emotionalem Genährt- und Versorgtwerden wird dabei oftmals zur projizierten Angst vor der verschlingenden Mutter. Nicht symbolisch verstandene Inzestphantasien haben auf die Psyche destruktive Auswirkungen und beeinträchtigen den Realitätssinn, das Denken und die Differenzierungsfähigkeit. Im klassisch ödipalen Sinn wird die Intervention des Vaters notwendig, um die Trennung von der Mutter und die Verschiebung der Libido auf Ersatzobjekte zu ermöglichen. Damit einher geht die Lösung von regressiv-hermaphroditischen Ganzheitsphantasien. Nun, bei Uranos finden wir genau diese regressiven Tendenzen: Die im Mutterleib eingeschlossenen Kinder, die er gezeugt hat, wären Ausdruck seines Wunsches nach Rückkehr in die Quelle, zugleich nach Destruktion der Konkurrenten und nach omnipotentem Beherrschen der Mutter. Auch bei KRONOS lässt sich diese Tendenz unschwer nachweisen und auch er ist einer, der narzisstisch besetzt wurde – ebenso wie vielleicht schon sein Vater Uranos.

Der Name Uranos leitet sich einer etymologischen Version nach von *oforanos* – altind. *Varuna* – her: Umfasser des Alls (*varena* – Bedeckung, Umhüllung). Einer anderen Herleitung zufolge (altind. *Varsati* – regnen) ist seine ursprüngliche Bedeutung *Regenmacher*, *Befruchter* (*Kleiner Pauly*). Jedenfalls gab es im hinduistischen Pantheon einen ähnlichen Generationenkonflikt zwischen Varuna und Indra wie im griechischen Mythos. Die Ableitungen schließen einander nicht aus, im Gegenteil. Dieser Himmel ist eigentlich ein höllischer Ort, wenn man HESIODS Aussagen die Kinder betreffend, ins Auge fasst. Und zur Hölle gibt es tatsächlich ein Naheverhältnis – der Tartaros ist die unterste, dunkelste Randzone des Kosmos, gleichursprünglich mit Eros und Gaia aus dem anfänglichen Chaos entstanden.

Eigentlich steht also eine *höllische* Situation am Anfang: Die Auflehnungsgeste von KRONOS wird nur allzu verständlich – sei sie von narzisstischer Wut oder einem aus dem Unbewussten kommenden Impuls getragen. Sieht man das Selbst als *spiritus rector* an, wird klar, dass man Mutter und Unbewusstes nicht gleichsetzen kann, auch wenn es heißt, dass es eigentlich Gaia ist, die ihren Sohn aufstachelt. KRONOS′ Tat ist also progressiv gedeutet eine *Sehnsuchtsgeste* aus einer frühen Verlassenheit heraus. Sein Ursprung ist eine *nigredo*, eine furchtbare Depression, die auch den Vater und die Mutter betrifft. Denn jenseits der uroborischen Ureltern, die zu guter Letzt mit ihm im Tartaros enden, ist das, wovor selbst den Göttern graut: ein *düsterer Schlund* (*Theogonie*, 815). KRONOS verharrt in ebendiesem Schatten, dessen regressive Kraft überwiegt. Seine Beziehung zu sich als bedürftigem Kind (verschlingt seine Kinder) ist gestört, er ist einseitig mit einer Machtpersona identifiziert und sein Animus und seine Anima treten negativ in Erscheinung und behindern Lebensfreude und Autonomie (vgl. die mittelalterliche Dame *Melencolie* als abgespaltene Gefühlsseite). Der trennende Schnitt trennte nicht nur die Eltern, sondern trennte ihn auch von der Mutter und vom Vater, die den *düsteren Schlund* fortsetzen.

Die Hölle ist *verschmähte Liebe*, ist *ontologische Einsamkeit*, schreibt Ernesto CARDENAL (1991, 69), eine treffende Umschreibung für jenes Zerrbild erwiderter und erfüllter Liebe, das wir Depression nennen: jenes Zerrbild eines Ich, das liebt, aber nicht geliebt wird, das schließlich sogar dieses Gefühl des Liebens verliert und damit zum Zerrbild eines Gottes wird, der die Liebe sein soll. Damit blickt man freilich in jenes vollständigere Bild menschlicher Gottesvorstellungen, das JUNG in seinen späteren Werken beschrieben hat. Es wäre angebracht, die Spaltung zu erkennen und Gott auch in seiner Antinomie. Fazit: Die Hölle ist nicht widergöttlich, sondern innergöttlich: *Denn auch in der Hölle liebt man, aber ohne Hoffnung* (CARDENAL 1991, 79). Wie anders ist dagegen jenes Bild vom Himmel, das Friedrich WEINREB (2000 132) zeichnet: *schamajim*, das hebräische Wort für Himmel, beschreibt diesen als *Ort, wo alles doppelt ist, wo das eine und sein Gegensatz ist ... Himmel ist das, wovon du glaubst, es sei der Himmel ... das Bild des Himmels bedeutet, dass Platz ist für eine paradiesische Phantasie, die Gabe, sich etwas vorzustellen, zu träumen, zu dichten, Märchen im Leben zu sehen und zu glauben.* Der Himmel *ist erwiderte und erfüllte Liebe*, bringt Ernesto CARDENAL (1991, 79) zu Papier und er zitiert Teilhard de CHARDIN: [...] *das Himmelreich ist Evolution, eine biologische Fortsetzung des Mineralreiches und des Pflanzenreiches und des Tierreiches und auch der Menschenreiche. Es ist die Sozialisierung der Menschheit und die Vermenschlichung der Menschheit* (ebd. 82).

Nun hat auch JUNG zum Gegensatz Himmel und Hölle einiges ausgeführt: LUZIFER (*Siehe Abb. 5*) ist eigentlich der *Erstgeborene* der Söhne Gottes, ein – denken wir an Hiob – Schatten Gottes, den das *summum bonum* in die Hölle abspalten musste, um sich als guter Gott etablieren zu können. Die berechtigten Fragen drängen sich auf, wie die Hölle, das *Vernichtungslager der Dissidenten der ersten Liebe,* eine Intention Gottes sein kann bzw. ob das Christentum nicht einen geheimen *perversen Kern* (ZIZEK 2003, 16) verbirgt: *Wenn es verboten ist, im Paradies vom Baum der Erkenntnis zu essen, warum hat Gott den Baum dort überhaupt aufgestellt? Ist dies nicht Teil seiner perversen Strategie, Adam und Eva erst zum Sündenfall zu verleiten, um sie danach zu retten?*

Peter SLOTERDIJK führt in seiner *Sphären*-Trilogie aus, dass Gott in der Metaphysik der Name für eine *Hyperimmunität* ist, die alle, die sich zu ihm bekennen, in einen Beziehungsraum einfasst, der sie geborgen und gerettet sein lässt. FREUDS regressive Deutung der Religion als kollektive Zwangsneurose hat genau hier ihren Ausgang: Ein schwaches Ich flüchtet sich in die Illusion eines allmächtigen Vaters und erspart sich bestenfalls die individuelle Neurose – um den Preis des Infantilismus. In der kollektiven Neurose der Religion werden Ohnmachtsgefühle des Einzelnen in einen kollektiven aber illusionären Sinnzusammenhang gestellt, dem man sich bedingungslos unterwirft. Wehe jedoch, wenn dieser Horizont implodiert und man – z.B. durch eine Depression – aus der Sphäre der Sicherheit ausgeschlossen wird, reduziert auf einen einsamen, panischen Selbstpunkt ohne Welt! Zum Paradoxon etwa des judäo-christlichen Vatergottes gehört, dass der *Teufel der erste Verlorene* in diesem abgespaltenen, antisphärischen Außen wird. Sein Abfall, also die *Negation der sphärischen Union*, erzeugt eine Isolierung ohne Ausweg – den *Teufelskreis*, in dem nicht nur Depressive gefangen sind, sondern auch alle unsere theologischen Spekulationen bezüglich des Monotheismus. Und diesen haben wir – so JUNG – noch nicht ernsthaft genug beim Wort genommen.

Es ist nicht einfach, sich im Strudel der Kerndynamik zurechtzufinden und sich diesen widersprüchlichen Bildern und Motiven zu fügen, die auch die biblische Tradition überliefert: ein einsamer Gott, der die Welt ins Leben ruft, weil er sich nach einem Gegenüber sehnt, und sie wieder vernichtet, weil sie eine Eigendynamik entwickelt; ein vor Hiob mit seiner schöpferisch wie zerstörerisch wirkenden Potenz prahlender Dämon und ein liebender Vater, der seinen am Kreuz hingegebenen Sohn auferstehen lässt, während er den anderen zu ewiger Depression in der Hölle verdammt. Ähnliche Paradoxa begegnen uns auch bei KRONOS, der, wie gesagt, ein armer Teufel ist: Wer den Depressiven verstehen will, muss *den Teufel* verstehen. Er ist das *Apriori des Individualismus* (SLOTERDIJK), der *erste Ausgeschlossene*. Genau deshalb hat er eine Intuition, was für einen anderen das Unerträglichste sein muss: *Vielleicht ist das die psychologische Definition des Teuflischen: eine Intuition zu haben von dem, was für eine anderen das Unerträglichste wäre, und es auf dessen Wiederholung anzulegen* (SLOTERDIJK 1999, 634). Er ist der Erste, der vom *Großen Anderen* zum Leben verführt wurde, um dann aufgegeben zu werden. Er ist das Paradigma der Verlassenheit und könnte das Paradigma einer Versöhnung werden. Historisch ist interessant, dass die im 12. Jahrhundert aufkommende Idee vom Fegefeuer paradoxerweise die Hölle erst endgültig zu einer geschlossenen Anstalt machte, in der keine Wiedergutmachung möglich ist. Fegefeuer und Hölle – der Idee nach finden wir sie noch bei der freudschen Unterscheidung zwischen Depression und Melancholie. Um diese Spaltung zu überwinden, ist eine Ethik der Versöhnung einzufordern, die uns einen Platz nicht jenseits der Grenze zur Melancholie zuweist, sondern einen solidarischen Platz in den Tiefen der Hölle.

Vor dem Hintergrund dieses Kontextes ist es aufschlussreich, das Thema Strafe und Schuld im Zusammenhang mit der Freiheit zu beleuchten. Die Frage ist: Wie kann eine *endliche Schuld* – von einem Menschen begangen – eine *unendliche Strafe* nach sich ziehen? Der Sünder müsste die Hölle *vor* der endgültigen Hölle erfahren haben, damit ihm seine Sünden als frei entschieden anzurechnen wären. Hier bricht ein unfassbarer Zirkel auf: Wer immer eine Depression direkt erfährt, ist zu gequält, um irgendetwas entscheiden zu können – er möchte nur, dass es aufhört – und genau damit entfällt die Berufung auf so etwas wie Wahlfreiheit. Der Absturz ins Depressionsleiden erfolgt ebenso grundlos und von uns nicht mitbestimmt wie die Tatsache, dass wir geboren werden, ohne dass jemand uns gefragt hätte, ob wir dies wollen oder nicht. Paradox, dass wir dennoch dafür verantwortlich sind, mit beiden Tatsachen – derjenigen unserer Geworfenheit ins Leben und derjenigen einer Depression – umgehen zu müssen. Die Zuschreibung von eigener Schuld kann dabei, wie gesagt, nicht nur Ausdruck der Krankheit sondern *auch* Ausdruck des Beginns einer Auseinandersetzung sein, die damit anfängt, sich selbst als Mitverschulder eines Leidens – d.h. als aktiv und nicht als passiv – anzusehen, eines Leidens, von dem man buchstäblich überfallen wurde. Nur: Die Hölle – also auch die Hölle einer schweren Depression – kann, wie wir gesehen haben, kein moralisch schlüssiges Resultat gelebten Lebens sein!

Nun, verlassen wir den Konkretismus etwa theologischer Aussagen und halten wir fest, dass Depression erstens die Vernichtung eines Beziehungsraumes darstellt, in dem es immer ums Ganze geht. Halten wir weiter fest, dass es zweitens nicht unwesentlich ist, ob ein Gottes*bild* – und wenn ja, dann welches – im Zentrum steht. Jeder Gott, jedes Gottes*bild*, eröffnet eine *Welt* (KERÉNYI). Der Gott ist letztlich *ein Synonym dieses Ganzen der Welt* (DERRIDA/VATTIMO 2001, 65) und kann nur allzu leicht ideologisch und machtpolitisch missbraucht werden: Die Welt ist dann unmittelbarer Spiegel dieser Vorstellung. Und behalten wir drittens die Tatsache im Auge, wie leicht die ohnehin schon vorhandenen Selbstanklagen eines Depressiven ideologisch verstärkt werden können, wenn man sie konkret und nicht symbolhaft versteht. Selbst ein so tiefer und dem Wesen der Melancholie nahe kommender Denker wie Romano GUARDINI gibt ein Beispiel dafür ab, wie Symptome ideologisch verstärkt werden können, wenn er in seiner *Theologie der Schwermut* schreibt, dass das Gefühl, verloren zu sein, aus dem Bewusstsein resultiere, *dass das Ewige die Gestalt nicht gewonnen hat, die es gewinnen sollte; im Bewusstsein, versagt zu haben, verspielt zu haben. In* *ihr wird die Gefahr gefühlt, verloren zu sein, weil nicht getan wurde, was aufgegeben war; was ewiges Heil oder Unheil bedeutet, aber vollbracht werden muss in der Zeit, die abrinnt, und nicht wieder eingebracht werden kann* (GUARDINI 1983, 51 f), und man sich deshalb in der Reue *gegen sich selbst an die Seite Gottes stellen* soll. Die Frage dabei ist nur, an *wessen* Seite wir da stehen.

KRONOS ist also – wenn wir ihn weiter ein bisschen vermenschlichen bzw. zu ihm in die Hölle steigen, um uns mit ihm zu solidarisieren – von Anfang an eigentlich nicht nur ein böser Dämon, sondern auch ein armer Teufel! Und mit diesem Teufel, den LUTHER *spiritus tristitiae* nennt, hat er bemerkenswerte Parallelen. Sein Name bedeutet etymologisch auch *der Gehörnte*, wie wir vorhin gesehen haben. Das Teuflische liegt freilich bereits in seiner Ausgangslage, in seiner destruktiv anmutenden Urszene, im Depressiv-Uroborischen, von dem er sich gewaltsam lösen möchte. Dadurch wird KRONOS der Erste, der einen Weg aus der *nigredo* bahnt. Sehen wir uns KRONOS nun weiter in seiner Rolle als Puer des Uranos und als Senex der Menschen an! JUNG hat den *Vater* bekanntlich als *unreflektierten, gegensatzlosen Bewusstseinszustand* beschrieben, dessen Schattenproblematik im *Sohn* zutage tritt. Auch bei KRONOS als Sohn des Uranos tritt dies deutlich zutage: Ein tyrannisches, kastrierendes Vaterbild dominiert nach wie vor, selbst wenn er als Regent des *Goldenen Zeitalters* jedem sein Maß und seinen Platz zuweist – nicht weniger, aber auch nicht mehr. Der positive Wandlungsvater fehlt jedenfalls – das Hilfreiche, Emphatische und Widerspiegelnde, die geschaffene, soziale Beziehung, die in die Welt hinaus vermittelt und eher ein Generationenbündnis als einen Generationenkonflikt hervorbringt. KRONOS wird ja in der Folge auch von Zeus gestürzt. Und selbst Zeus droht dasselbe Schicksal, wie die Mythen berichten. Die destruktiven Kreisläufe gehen beinahe nahtlos ineinander über.

Nun sind ja im menschlichen Kontext einseitig positive Väter eine Unmöglichkeit. In der moderneren Psychoanalyse wird eindrücklich auf ein notwendiges *Paradoxon des Vaters* hingewiesen: Er muss einerseits der beschützende Vater sein und trotzdem als Träger der symbolischen Autorität die symbolische Kastration vollziehen – den Sohn von der Mutter trennen, das *Begehren* ins Register des Symbolisch-Sprachlichen kanalisieren und gerade dadurch die symbolische Fiktion bereitstellen, die angesichts der Realität ein Minimum an Schutz gewährendem Schein aufrechtzuhalten ermöglicht. Der Ödipuskomplex gilt als Theorie gemaßregelter Selbstabsolutheit, als Fortschreibung des Begehrens, sein eigener Ursprung zu sein – verschoben auf Unversehrtheit, Ersatzobjekte, Familiengründung oder Bemühungen um dinglich-technische Objektivität. Dies verdankt sich im Grunde jenem väterlichen Paradoxon, dem zufolge Kultur eine Ersatzbefriedigung ist, d.h. ein Schaffen von Illusionen, die Triebbefriedigung vorspiegeln und Realfrustration mildern. Interessanterweise tauchen mit dem Niedergang der väterlichen Autorität – aber auch gegen den zu liebevollen Vater – Schutzphantasien vom obszönen, vergewaltigenden, genießenden Vater auf, und zwar eben gegen die Gefahr des uneingeschränkten, ungehemmten, psychotischen *Genießens*, das es nicht gibt, obwohl es als Fiktion aufrecht bleibt: [...] *das wahrhaft Grauenhafte ist nicht der vergewaltigende Urvater, vor dem der liebevolle mütterliche Vater uns mit seinem Phantasieschild schützt, sondern der liebevolle Vater selbst* (ZIZEK 2000, 96). FREUDS Urvatermythos entwarf das Kulturszenario eines ermordeten Urvaters, der durch seine Tötung als *Name-des-Vaters* (LACAN) mächtiger wird als er zu Lebzeiten war und das symbolische Gesetz/Verbot etabliert. Paradox ist, dass der eigentliche Träger des Inzestverbots der *tote Vater* als Verkörperung des symbolischen Gesetzes ist. Erst nachdem er verraten und ermordet wurde, wird er zum verehrten Träger des Gesetzes und der symbolischen Autorität.

Verdichten wir nun ein bisschen FREUDS Urvater und KRONOS! Letzterer ist nämlich auch eine Verkörperung von *Weisheit*. Einerseits wird er als zügelloser Bock dargestellt (vgl. der Steinbock im Tierkreis, das Wortspiel *god/goat* bei JOYCE), andererseits wird er desexualisiert: Er ist im lacanschen Sinne der obszön-genießende Urvater, der Bock, und der die symbolische Autorität verkörpernde *tote* Vater, der den Zugang zum abstrakten Wissen und zur Sublimierung eröffnet – jenem Zauberwort, auf dem Freud zufolge unsere Kultur beruht, die freilich immer mit einem *Unbehagen* behaftet ist. Dieses Unbehagen ist hervorgerufen durch ein Trauma, durch den *untoten Rest*, der die Kultur und das diskursive Universum am Leben erhält. Der traumatische Kern im psychoanalytischen Kosmos jenseits jeder Erlösung ist die Fortführung jener ausschließenden Destruktivität in den Urgrund der Kultur. Die Folgen sind: nach außen ein drohender Durchbruch von Gewalt, der die Kultur zerstören könnte, nach innen permanente Schuldgefühle und Ambivalenz der väterlichen Autorität gegenüber. Das christliche Universum enthält, wie vorhin besprochen wurde, ein analoges Trauma: die Abspaltung der höllischen Seite der Liebe. Das, was positiv unser Leben ermöglichen soll, hat einen dunklen, abgespaltenen Kern. Was in beiden Fällen – im Christentum wie in der klassischen Psychoanalyse – fehlt, ist ein Analogon zur *Depressiven Position* in Bezug auf den kollektiven *Großen Vater*: die Sorge um den *Großen Anderen*, die nicht auf Angst vor Strafe und vor der Heimsuchung durch einen rächenden Untoten beruht, sondern ihm als Ganzem, d.h. seiner paradoxen Positivität wie Negativität, seiner Macht und seiner Schwäche, gilt.

Betrachten wir noch folgenden weiteren Aspekt: Die Psychoanalyse sagt den Männern nach, dass sie die Integration in die symbolische Ordnung nur deshalb aushalten, weil es einen verborgenen Bezug zum ungezügelten *Genießen* gibt (vgl. ZIZEK 2000, 16). Von hier aus gesehen ist auch einleuchtend, dass das ultimative Ziel der Psychoanalyse *nicht die bekenntnishafte Befriedigung des Traumas ist, sondern die Anerkennung der Tatsache, dass unser Leben einen traumatischen Kern jenseits der Erlösung enthält, dass es eine Dimension unseres Seins gibt, die sich der Erlösung für immer widersetzt* (ebd. 127).Was, wenn KRONOS in Zusammenhang mit ebendiesem traumatischen Kern gesehen werden könnte?

Wir haben KRONOS′ *ödipale Urszene* beleuchtet und auch schon gehört, dass bei FREUD paradoxerweise gerade der inzestuöse Urvater zum Träger des Inzestverbotes wird. In Bezug auf KRONOS liegt diesbezüglich ein merkwürdiger Widerspruch vor: Einerseits ist er eine dämonische Gestalt, andererseits jedoch ist er als *Herr der Gerechtigkeit und der Maße* Regent des *Goldenen Zeitalters*. In HESIODS *Werke und Tage* lesen wir: *Als goldenes schufen zuerst die Unsterblichen, die im olympischen Haus wohnen, das Geschlecht der redenden Menschen. Diese lebten unter Kronos, der im Himmel als König herrschte, führten ihr Leben wie Götter, hatten leidlosen Sinn und blieben frei von Not und Jammer*. Erinnern wir uns, dass dieses Werk eine Huldigung jenes Gottes ist, der KRONOS gestürzt hat: der Kronide Zeus. Der Mythos vom *Goldenen Zeitalter* (den HESIOD übrigens anlässlich eines Erbstreits gegen seinen Bruder nach dem Tod des Vaters schrieb) ist also die genaue Umkehrung des ödipalen Vatersturzes durch Zeus: Es setzt implizit die Tötung des Vaters voraus, die zum symbolischen Verbot führt. Darin gleichen sich der christliche Himmel wie die Vorstellung vom *Goldenen Zeitalter*! FREUD hat ja in *Totem und Tabu* gemeint, dass die Ermordung Gottes im *Neuen Testament* das geleugnete Trauma des *Alten Testaments* ans Licht bringe: das präödipale Geheimnis, dass der obszöne, genießende Urvater getötet (und zugleich erhöht) wurde; der Getötete wird zum Clan-Totem und später durch rituelle Opferkulte zu Gott. Eben jenes Motiv verbirgt sich auch im Mythos vom Goldenen Zeitalter. Der Mythos eines friedlichen *Goldenen Zeitalters* in grauer Vorzeit gilt heute als widerlegt - ebenso die oftmals behauptete *innerartliche Tötungshemmung*. Die innerartliche Tötung ist der Normalfall der Humanevolution – der biblische Mythos etwa berichtet von einem *clash of cultures*, von Kain, dem Ackerbauern, der den Hirtennomaden Abel ermordet, dessen Fleischopfer Gott annimmt. Kopfjägerei, Kannibalismus waren übrigens am verbreitetsten bei Pflanzern und nicht bei Jägern. Innerartliche Konkurrenz (um Nahrung, Revier und Geschlechtspartner) wird als *der* Evolutionsmotor schlechthin betrachtet. Die Studien von Jane GOODALL belegen eindrucksvoll, dass z.B. Schimpansenclans Fetozid, Infantizid und Kannibalismus praktizieren. BURKERT unterstreicht mit seinem *homo necans*, dass wir 95 Prozent unserer Geschichte altpaläolithische Jäger waren. Essen ist Töten und man wird Mann, indem man tötet; zugleich wird Töten ein Sakrileg, wie GIRARD herausstellt: Das Blutopfer schützt die Gemeinschaft vor innerer Gewalt und setzt Gewalt nach außen frei: Es ist *heilige* Gewalt, da der *mimetische satanische Zyklus* (GIRARD 1999, 136) mit einer *Krise* beginnt, der ein Ausbruch von *Kollektivgewalt* folgt, die in der *religiösen Epiphanie* des Opfers ihren Abschluss findet.

Was heißt das nun in Bezug zu meiner Vermutung, dass das *Goldene Zeitalter* nicht bloß in einer mythischen Vergangenheit zu suchen ist, sondern dass es unser *Heute* – von der ungehemmten und *herrischen* Ausbeutung natürlicher Ressourcen, über das vorgeschriebene Glücksstreben, das Ausblenden von Leid bis hin zu so unterschiedlichen Phänomenen wie Euthanasie, Globalisierung und Terrorismus – bestimmt? Es heißt zunächst einmal, dass wir diesen getöteten Vater einerseits brauchen – sei es als *Garanten der symbolischen Ordnung*, sei es in kompensierenden Phantasien vom genießenden Urvater: Es ist nicht unwichtig zu sehen, dass gerade in dieser Zeit, der man den Rückgang der paternalen Gewalt nachsagt, kompensierende Bilder des (obszönen) Urvaters auftauchen: Es handelt sich um eine Rückkehr von Figuren, die gemäß der Logik des Urvaters funktionieren, vom totalitären politischen Führer bis zum sexuell aufdringlichen Vater – weil, *wenn die beschwichtigende symbolische Autorität suspendiert wird, sich der tote Punkt des Begehrens (seine Unmöglichkeit) nur dadurch vermeiden* (lässt, GB)*, dass man die Ursache seiner Unzugänglichkeit in einer despotischen Figur lokalisiert, die für den ursprünglichen jouisseur steht: Wir können nicht genießen, weil ER das ganze Genießen auf sich zieht* (ZIZEK 2000, 76 ff). Einerseits brauchen die Menschen also den Vater als Garanten der symbolischen Ordnung, andererseits leiten sie gerade aus der gewaltsamen Strukur dieser Ordnung (Gewalt und Recht sind letztlich ununterscheidbar), die das Begehren unter das Gesetz zwingt, das Recht zum Vatersturz ab. Und so radieren wir ihn aus den Texten aus, machen ihn beim Klonen entbehrlich und lassen uns vom Cyberspace verschlucken. Der Vater als klassisch intervenierender Dritter, der den Eintritt in die symbolische Ordnung der Regeln gewährleistet und die unmittelbare Verschmelzung mit dem Objekt des Begehrens verhindert, wird immer mehr suspendiert, allerdings ohne dass bemerkt wird, dass er nach wie vor auch im Hintergrund dieses Phantasmas die Welt auf seinen Schultern trägt – wie der *versteinerte* Titan ATLAS (*Siehe Abb. 6*) im Mythos, dessen Name mit *Träger* oder *Dulder* übersetzt wird. Die populäre Rede von der *vaterlosen Gesellschaft* oder vom *Post-Patriarchat* bezeichnet deshalb meiner Meinung nach eben nicht eine Ära *nach* dem Patriarchat, sondern eine dem Vaterarchetyp selbst inhärente Phantasie, die wir scheinbar noch lange nicht durchschaut und verstanden haben. Was auf der Ebene der kollektiven Dominante nicht realisiert wird, ist, dass dieser Vater selbst das *Paradigma der Verlassenheit* abgibt, dass er selbst einen *Mangel* hat, der uns eigentlich radikal auf unseren eigenen Mangel und unsere tödliche Ambivalenz zurückverweisen müsste. Doch genau dies einzusehen, wird vermieden, da unser Bewusstsein *zu schwach* scheint, dies integrieren zu können. Das klingt nicht gerade ermutigend! Doch wir haben etwas zur Verfügung, das uns weiterhelfen könnte – und dies ist just die Melancholie. Sie selbst fällt nämlich wie ein verweigernder Schatten auf das Zirkulieren der unterschiedlichen Aspekte des gespaltenen Vaterbildes.

KRONOS selbst bietet uns also das Beispiel: Melancholie als *saturnische Weisheit*, als Einsicht in die unbewusst wirkende Dominante unseres Bewusstseins – ein unverstellter Einblick in KRONOS′ Welt, die unsere Welt ist. Wir müssen dazu die widersprüchlichen Bilder von KRONOS′ Welt – gegen jedes Bilderverbot – als *coniunctio oppositorum* und als Plädoyer für die Versöhnung von Trauer und Melancholie auffassen.

Vertiefen wir den Einblick in die widersprüchliche Bilder- und Gefühlswelt weiter und betrachten wir KRONOS nun als *negativen Senex*, als jemanden, der sowohl seinen Vater als auch seine Kinder vernichtet – und damit sein Vater-Potenzial und sein Kind-Potenzial, seine Vergangenheit und seine Zukunft, gefangen in der ewig kreisenden, unerbittlichen Zeitschleife einer depressiven Einheitswirklichkeit! Es handelt sich auch um eine Spaltung im *Senex-und-Puer* umfassenden Archetyp, ein Abgespaltensein des Senex vom Puer-Aspekt, ein Vergessen einer geheimen Identität, denn ohne den Puer-Eros entartet kreative Isolation zur paranoiden Einsamkeit. James HILLMAN hat dies in den *Puer Papers* (1978, 20) prägnant herausmodelliert: *The negative senex problem is not merely a matter of moral attitude (as if the ego should do better, be more modest or humble or conscious). Nor is it a problem of outdated ideas ... nor of biological vitality ... nor even of the absent feminine. These ego problems are consequents rather than causes; they reflect a prior disorder in the archetypal ground of the ego. This ground is senex-et-puer, briefly conceived as it′s order on the one hand, it′s dynamus on the other.* Negative Senex-Aspekte resultieren, so HILLMAN, aus dieser Spaltung im Archetyp, positive hingegen reflektieren seine Einheit. Aller Spaltung zum Trotz lässt sich das Neue jedoch letztlich nicht verhindern und es wird KRONOS im Mythos in Gestalt des Zeus vom Thron stürzen (müssen) und eine neue Welt stiften. Der Erneuerungsimpuls als solcher lässt sich also nicht verschlingen: KRONOS verschlingt bloß einen Stein und nicht den kleinen Zeus. Den Stein, der eigentlich eine ganze Welt ist. Dass dieser von KRONOS wieder ausgespieene Stein von Zeus im Zentrum der Welt aufgestellt wird, sagt jedoch vielleicht auch viel darüber aus, woran man sich in dieser neuen Welt – bis heute – orientiert: an einem *toten Objekt*. KRONOS stürzt nach seiner Niederlage in die Tiefe und schläft in einer goldenen Höhle in Ogygia und träumt das, was Zeus plant. Von ihm wird auch gesagt, dass er *schlafe, in Leichentücher gehüllt, ein Leben-im-Tod führe, bis seine Zeit gekommen ist, um wiederaufzuwachen und als Kind wiedergeboren zu werden* (von DECHEND 1994, 135).

Zeus' Name leitet sich übrigens vom indogermanischen Wort für Gottheit *deiwos* ab, das *leuchtend, himmlisch* meint und dem das noch archaischere Wort *djeus – heller Taghimmel* zugrunde liegt. Zwischen Stein und Himmel (*hékmon* bedeutet beides) gibt es insofern eine alte Übereinstimmung, als man sich das Himmelsgewölbe als mit Steinen besetzt vorstellte, von denen einzelne als Meteoriten zur Erde fielen, wo sie als Ambosse für die Verarbeitung von Bronze benutzt wurden (vgl. auch hebr. *Raqia, Himmelsfeste*, von *riqua, Gehämmertes*).

Betonen wir also die Wichtigkeit des Puer-Impulses, von dem KRONOS als negativer Senex abgeschnitten bleibt, solange er seine Kinder verschlingt. Aber auch der Puer läuft Gefahr, das Drama des Vaters und seiner Machtstrategien unbewusst zu wiederholen. Dennoch ist er es, der die Frage nach dem *Warum* stellen kann. Die Urtat von KRONOS ist selbst so ein verzweifelter Schrei nach dem Warum und gleichbedeutend mit der Frage nach dem Sinn des Ganzen, die uns gerade in der Depression begegnet. BATESON hat Recht, wenn er meint, *dass beim Stellen von Fragen unsere Hybris keine Grenzen kennen* (darf, Anm. GB) ... *und dass bei unseren Antworten immer Demut mitschwingen wird* (BATESON 1993, 194). Diese Frage nach dem Warum steht nicht nur im Zentrum unserer metaphysisch-religiösen Suche. Wir sollten nicht zögern, sie auch in Hinblick auf unsere technischen Modi der Weltbeherrschung, die unter dem Zeichen SATURNS stehen, zu stellen. In DÜRERS *Melencolia* ist uns die grübelnde saturnische Gestalt mit auf die geballte Faust gestütztem Kopf, umgeben von technischen Dingen, bereits begegnet. Der Künstler hat damit nicht nur seine eigene Resignation ins Bild gebracht, mit mathematisch-technischen Mitteln das Geheimnis der Schönheit nicht ergründen zu können, sondern auch etwas allgemein Gültiges ausgesagt. Erinnern wir uns auch an KRONOS' Werkzeug, an dieses Hybrid aus Sichel und Kampfmesser, mit dem der erste *Prothesengott* Himmel und Erde voneinander trennte. Der Anfang der *Lichtung* des *homo humanus* ist nicht ohne *technogene Herkunft* (SLOTERDIJK 2001, 224) zu denken.

In Stanley KUBRICKS Film *2001* erscheint ein *schwarzer kubischer Monolith*, ein Symbol SATURNS, just in dem Augenblick, als zufällig die erste Waffe ihrem Erfinder/Finder buchstäblich in die Hand fällt: Hand, Ding und Idee fügen sich ineinander – ein Knochen, der zufällig zuhanden ist, wird zum ersten Mordwerkzeug. Auch die *Ka'aba*, der heilige schwarze Stein in Mekka, ist übrigens so ein geometrisches Gebilde, das auf vorislamische Zeit zurückweist und den Gott verkörperte. In ihrem Innersten gibt es einen Brunnen, über dessen Öffnung in vorislamischer Zeit die Statue des Gottes HUBAL (= SATURN) aufgestellt war, der das Ansteigen des Wassers verhindern sollte.

Durch diesen Bezug zur Technik gilt SATURN in der Tradition als Schutzherr folgender Berufe: der Baumeister, Steinmetze, Tischler, Drechsler, Zimmermänner usw. Er ist *Schirmherr der Technik* und *Herr des Maßes* für den Kosmos, der *Stern des Gesetzes und der Gerechtigkeit* (babylon.) – und zwar durch die Trennung der Welteltern, durch die Entmannung des Uranos (astronomisch: die Etablierung der Schiefe der Ekliptik), wodurch die Zeit entstand und damit Kontinuität, aber auch die Teilung der Seienden und die Möglichkeit der mathematischen Berechnung. Himmel und Erde können von nun an – von den *vermessenen* Menschen (?) – vermessen werden. Aufgrund dieser trennenden Tat wird KRONOS im 13. Orphischen Hymnus *Vater der seligen Götter und Menschen* gepriesen, der *alles verschlingt, um es zu mehren.* Er wird ebendort auch PROMETHEUS (sanskr. *Pramantha* – das männliche Feuerholz) genannt. Diesen Aspekt hat er – ebenso wie den dunklen-höllischen – mit LUZIFER gemeinsam. Er ist wie jener ein Lichtbringer, ein Himmelsstürmer und vollbringt eine titanische Tat, einen Akt der Überschreitung und Hybris, die jedoch Voraussetzung für die Entstehung der Welt der Götter und Menschen ist. Als solcher steht er also am Anfang des menschlichen Bewusstseins. In diesem Zusammenhang ist auch das Wortspiel *titainein* – sich recken und *tisis* – Bestrafung bemerkenswert. [vgl. dazu, dass auch der Gott der Genesis Wasser von Wasser mittels etwas Festem (*raqia*) trennte und diesen *raqia* dann *Himmel* (i.S. von Feste, *firmamentum*) nannte, was die *Septuaginta* mit *ouranos* übersetzte.]

Ein Großteil der heute lebenden Menschen weiß wie vielleicht nie zuvor, dass auf sie das zurückfällt, was im Zeichen SATURNS entwickelt wird: eine geniale, kalte Technik, die das Potenzial hat, alles an Zerstörungskraft zu übersteigen, was wir uns vorstellen können. JUNG hat auf diese dunkle, schreckliche Seite im Wesen Gottes hingewiesen – und auf die aus der Erkenntnis der *coincidentia oppositorum* erwachsende Verantwortlichkeit des Menschen dafür, welche Seite des daimon die Oberhand gewinnen wird. Was scheinbar als Puer-Impuls beginnt, die manische Selbstüberschätzung beim Erfinden neuer Lösungen und neuer Technologien, hat eine kalte, berechnende Senex-Seite: SATURN verschlingt seine Kinder und tötet alle Entwicklungsmöglichkeiten; Leben, lebendige Zusammenhänge reduzieren sich – wie in der Astronomie, wo etwa die so genannte *Saturnhypothese* den Mythos auf konkrete astro-physikalische Ereignisse zurückführt – auf berechenbare Abläufe oder Wirklichkeitssimulationen, die in einer *Irre* (HEIDEGGER) versumpfen, d.h. in einer Existenz, die *nicht bei sich* ist: *In diesem Zuwachs des technischen Wissens und Könnens enthüllt sich der Mensch vor sich selbst als der unheimlichste Gast, der je unter seinesgleichen auftauchte: als der Sonnen-Macher* (die Nuklearenergie, Anm. GB) *und der Leben-Macher* (die Gentechnologie, Anm.). *Er drängt sich in eine Position, in der er Antwort geben muss auf die Frage, ob das, was er da kann und tut, auch wirklich er selbst sei und ob er in diesem Tun bei sich ist* (SLOTERDIJK 2001, 214 f).

Zum Umschlagen der gegensätzlichen Pole von Senex und Puer ineinander gehört etwa auch das sich in Zukunft immens verstärken werdende Problem, dass die Alten heute überflüssig und nicht mehr als unentbehrliche Träger und Garanten des Wissens gelten. Die Jungen sind die Experten einer Wissensexplosion geworden, mit der die Älteren kaum Schritt halten können. Die Jungen übrigens auch nicht, so schnell wird neuester Wissensstand alt und überholt. Spezialisierung und Expertentum, das immer kleinere Nootope bezieht und den Blick aufs Ganze ausblenden muss, gelten als Überlebensstrategie. Dabei werden heute Menschen älter als je zuvor, mit dem Anspruch auf ewige Jugend, Gesundheit und Fitness bis ins hohe Alter. Die Jugendzeit wird übers Maß verlängert und eine gigantische Freizeit-, Kosmetik-, Versicherungs-, Medien- und Gesundheitsindustrie nährt diese Illusion. Vorausgesetzt ist hier ebenso, die Frage nach dem *Warum* auszublenden – die Frage nach dem *warum* zu stellen, wäre die eigentliche Aufgabe des Puer, von dem KRONOS als negativer Senex abgeschnitten bleibt. Insofern gleicht er dem von PLUTARCH beschriebenen in einer goldenen Höhle in Ogygia schlafenden, in Leichentücher gehüllten KRONOS, der ein Leben-im-Tod führt und das träumt, was Zeus plant, bis er als Kind wieder geboren werden kann (vgl. von DECHEND 1994, 135): Das verschlungene Kind erscheint ihm im Traum, aus dem Unbewussten, als Kompensation seiner einseitigen Bewusstseinslage (vgl. dazu JUNG 1990) und legt eigentlich die Notwendigkeit einer Wandlung nahe: Es ist vielleicht auch jenes Kind, von dem sich KRONOS in dem Moment losschnitt, als er die Welteltern trennte, um es immerfort weiter zu verschlingen.

HESIOD berichtet in seiner *Theogonie*, dass PROMETHEUS, dem man ähnlich *krumme Gedanken* nachsagt wie KRONOS, und sein Bruder EPIMETHEUS Söhne des Titanen Iapetos und der Unterweltskönigin Klymene (auch Asia oder Asopis) sind. Ersterem sagt man nach, *ein zum voraus Wissender* zu sein, der Zweitgenannte sei *ein erst nachträglich Lernender*. Ihm verdanken die Menschen die Abtrennung von den Göttern und auch ihre Vervollkommnung. Es wird nämlich erzählt, dass die Menschen zu jener Zeit ein reines Männergeschlecht waren, die *melioi,* die Männer der Eschennymphen *(Meliai)*, die aus den zur Erde fallenden Blutstropfen des entmannten Uranos entstammen. Diese Urmenschen teilen mit KRONOS eine wesentliche Eigenschaft: die Schlauheit (Alalkomeneus etwa rät dem Zeus, wie er Hera wieder zurückgewinnen könne, er war auch Erzieher der Athene und mit dieser als Athenais vermählt). Leider galten sie auch als mangelhaft, waren ursprünglich Ameisen, sprossen wie Gemüse aus der Erde. Einer Version zufolge verteilte EPIMETHEUS die Fähigkeiten an die Tiere und nicht an die von den Göttern aus Erde und Feuer geformten Menschen, weswegen Prometheus Feuer und die Künste des Hephaistos und der Athene entwendete und es den Menschen brachte. In einer anderen Version wird erzählt, dass PROMETHEUS einen wunderschönen Menschen geschaffen hatte; Eros verriet es dem Zeus, Hermes brachte das Geschöpf in den Himmel, wo es den Trank der Unsterblichkeit erhielt und als Phainon, der Scheinende, an den Himmel gesetzt wurde – als Jupiter. PROMETHEUS formte auch noch andere Wesen aus Wasser und Erde, denen Athene in Form eines Schmetterlings eine Seele zuführte.

Als Menschen und Götter getrennt werden sollten, täuschte PROMETHEUS Zeus, indem er ihm von einem Opferstier nur in Fett gehüllte Knochen vorsetzte, weswegen der zürnende Zeus den Menschen das Feuer vorenthielt. Dieses wurde von PROMETHEUS vom olympischen Herdfeuer gestohlen und im Stängel einer Narthexstaude (aus der der dionysische Thyrsosstab gemacht wird) den Menschen gebracht. Zeus rächte sich, indem er Hephaistos befahl, Pandora (die Gabenreiche, auch Anesidora, die Geschenke Emporsendende, ein Name der Erdgöttin) zu formen, der Hermes hündische Schamlosigkeit, eine Stimme und Betrügerei in die Brust pflanzte[39].

Feuer, dessen Raub ein zentrales Motiv der Geschichte von PROMETHEUS ist, ist nun nicht nur der Inbegriff von Kulturtechniken, sondern bekanntlich auch ein Libidosymbol, das im Zusammenhang mit dem Inzestmotiv eine bedeutende Rolle im psychischen Wandlungsgeschehen spielt. JUNGS Ansicht war ja, dass das unbewusste Ziel der Inzestphantasie symbolischer Ausdruck der Sehnsucht nach Berührung mit dem elterlichen Urgrund ist, um erneuert wieder geboren zu werden. Die psychische Funktion von Inzest ist, *die Nähe der Liebe zu ermöglichen* (vgl. SAMUELS 1994, 115). Freilich, die Aktivierung inzestuöser Phantasie und die damit verbundene Regression auf prägenitale Bilder des Unbewussten auf der Suche nach Ganzheit und Wiedergeburt sind eine gefährliche Gratwanderung, bei der ungeheure Energien auf das Ich losbrechen und es mit sich reißen können. Diesem Themenkreis möchte ich mich nun zuwenden.

---

39 Einer anderen Version zufolge war es PROMETHEUS selbst, der sie aus der Erde schlug. KERÉNYI (1992, 173) berichtet von Vasenbildern, auf denen PRO- oder EPIMETHEUS sie aus der Erde arbeitet, Eros schwebt mit dem Hochzeitsband darüber, Hermes bringt eine von Zeus gesandte Blume: Die Erde hat den Menschen ihr Ebenbild geschenkt, die Söhne haben daran mitgewirkt. Hermes brachte sie zu EPIMETHEUS, der das Geschenk annahm und dabei den Rat seines Bruders in den Wind schlug, von Zeus kein Geschenk anzunehmen. Pandora hob aus Neugierde den Deckel der Büchse, aus der alle Übel sich verbreiteten. Dadurch kam auch der Tod unter die Menschen, die Scheidung von den Unsterblichen war endgültig geworden. Nur Elpis, die Hoffnung, blieb im Gefäß.

(Abbildung 5) Lucifer verschlingt die Erzverräter Judas, Brutus und Cassius
Stich von Bernadino STAGNINO, Venedig 1512

(Abbildung 6) Atlas, römisch, 1. JH n. Chr.
Museo Nazionale, Neapel

6. Elternbilder als Therapeutikum

Von PLUTARCH ist überliefert, dass SATURN *die höchsten Ursachen für Vereinigung und Trennung mit sich trage.* Nehmen wir diese Anregung zum Ausgang für die therapeutische Arbeit mit Elternbildern in ihrer Mischung aus Archetypischem und Persönlichem, die eine Form der Selbstbetrachtung, ja *Selbstdiagnose* (SAMUELS 1994, 85) der Psyche sind, da sie viel über die Elternkapazität eines Menschen aussagen. Gerade *Urszenenbilder* mit ihrem Spielraum von harmonisch-disharmonisch, von Dominanz, Beschädigung, Ausschluss, Triumph, Niederlage, Neugier und Verleugnung sind eine Art *Fingerabdruck der inneren Situation* im Allgemeinen, aber auch im jeweiligen Moment und bestimmen die *Fähigkeit, Konflikte konstruktiv auszutragen* (ebd. 200). Urszenenbilder können überhaupt als Versuch verstanden werden, *pluralistisch* zu sein. Die verbundenen Eltern sind eine *coniunctio oppositorum* – i.S. von männlich-weiblich, gut-böse, heilig-profan, v.a. aber auch i.S. von etwas Geteiltem und zugleich Verbundenem – und als solche ein Modell für ein differenziertes Bewusstsein[40].

Pathologisch werden Bilder, die einseitig und festgefahren sind, das heißt keine echte *coniunctio* darstellen. Die Wandlung undifferenzierter Bilder des Verschmolzenseins (die Urgottheit) bis hin zur Vereinigung getrennter Eltern, mit allen damit verbundenen Konflikten, bedarf eines destruktiven Aktes: *Diese Destruktion ist ... mit einem Akt des Essens und der Einverleibung verbunden. Die Bewusstseinsbildung ist identisch mit einer Zerstückelung des Weltkontinuums in Objekte, in Teile und Gestalten, die erst nach innen genommen, introjiziert, bewusst gemacht, d.h. gegessen werden können ... Deswegen sind Aggression, Destruktion, Zerstückelung und Tötung mit den dazugehörigen Körperfunktionen des Essens, Kauens, Beißens ... verbunden und sind die Voraussetzung zur Bildung eines unabhängigen Ich und Bewusstseins* (NEUMANN, zit. nach SAMUELS 1994, 202).[41]

---

40 In der Urszene wird szenisch der mehrfach gesprungene Ursprung des Individuums dargestellt (vgl. HEGENER 1997, 188), das Kind identifiziert sich mit beiden Elternteilen – Prototyp des Vorgangs, wie das Ich sich mit sich selbst und anderen auseinander setzt, indem es sich einerseits der Szene entgegensetzt und andererseits auf drei Positionen verteilt.

41 Zu beachten ist hier eine andere Auffassung von der *Einverleibung* als die z.B. von Georges BATAILLE (1997) vertretene, der gemäß Einverleibung ein *heiliger Akt* der

Ich habe bereits erwähnt, dass Depression v.a. die Zerstörung und den Verlust eines Beziehungsraumes und eines Ganzheitserlebens, den Verlust eines – und sei es noch so mangelhaften – *heilen* Selbst- und Weltgefüges, beinhaltet, das ins heillose Chaos stürzt. Seit FREUD wird die Depression mit der Oralität und ihren oral-sadistischen, aber auch oral-passiven Wünschen in Verbindung gebracht. Nach der eben zitierten Stelle von NEUMANN lässt sich der Stellenwert ebendieser oralen Strebungen weiter verstehen – als Versuch nämlich, ein neues Weltgefüge zu schaffen. Aggressive und destruktive Phantasien sind eine Voraussetzung für eigenständiges Bewusstsein, aber nicht nur: Sie sind auch der Ausgang und die Voraussetzung der Sorge um andere, der Verbundenheit mit ihnen und der Wiedergutmachung, die einer Einbindung aggressiver Strebungen in ein liebevoller organisiertes Ganzes gleichkommt, wie ich vorhin im Zusammenhang mit der *Depressiven Position* herausgearbeitet habe. Ich werde später das Motiv der rekonstruierten respektive *dekonstruierten* Welt, das für die Aussöhnung der Depression mit der Melancholie bedeutsam ist, weiter vertiefen. Hier ist noch festzuhalten, dass damit den Bildern anderer und insbesondere auch den in der *coniunctio* vereinten (und differenzierten) Eltern ein erfülltes Leben gestattet wird – woraus ein Kind als Ausdruck eines kreativen Neubeginns geboren werden kann.

Nun, um eine Form von Neubeginn geht es auch bei der analytischen Bearbeitung einer Depression: Die inneren Elternbilder sind dabei als Träger unbewusster Inhalte und Potenziale, die zu konfrontieren sind, aufzufassen; die negativen Seiten können als etwas Positives verstanden werden, das entwickelt werden muss. Sehen wir uns deshalb HESIODS KRONOS, den wir im Zusammenhang mit einer transzendenz- und lieblosen Welt begegnet sind, einem Phantasma, das wir im Bild der christlichen Hölle amplifiziert haben, unter diesem Aspekt an! Wie anders waren dagegen jene Bilder vom Himmel, die wir bei Friedrich WEINREB, Ernesto CARDENAL und Teilhard de CHARDIN kennen gelernt haben! TOLSTOI schildert in *Krieg und Frieden* die Begegnung des Fürsten Andrei Bolkonski, der verwundet auf dem Schlachtfeld von Austerlitz liegt, mit dem strahlenden Numen des Himmels: *Über ihm war nichts als Himmel – hoher Himmel, verschwommen, aber immerhin unermesslich hoch, mit über ihm dahinschleichenden grauen Wolken. „So still, so ruhig, ganz und gar nicht so, wie ich eilte", dachte Fürst Andrei ... ganz anders schleichen diese grauen Wolken am Himmel hin. Warum habe ich diesen hohen Himmel nicht früher gese-*

Einung mit der Natur ist, der der Mensch durch sein Bewusstsein und durch die Kultur entflohen ist. Das Tier ist dagegen so eins mit sich und mit der Natur wie das *Wasser im Wasser*; es ist unschuldig, reflektiert nicht und braucht kein Wissen um Gut und Böse und tötet und frisst anderes Leben nur aus der Notwendigkeit des inneren Flusses des Lebens selbst heraus.

hen? Ach, und wie glücklich bin ich nun, dass ich ihn endlich doch erkannt habe! Ja, es ist alles Lug, außer diesem endlosen Himmel (zit. nach SCHMITZ 1995, 123).

Der Himmel ist *erwiderte und erfüllte Liebe*, schrieb – ich habe diese bemerkenswerte Stelle vorhin schon einmal angeführt – Ernesto CARDENAL (1991, 79) und er zitiert Teilhard de CHARDIN: *Das Himmelreich ist Evolution, eine biologische Fortsetzung des Mineralreiches und des Pflanzenreiches und des Tierreiches und auch der Menschenreiche. Es ist die Sozialisierung der Menschheit und die Vermenschlichung der Menschheit* (ebd. 82).

Vielleicht meint JUNG im *Mysterium coniunctionis* auch dieses Himmelreich, wenn er von der dritten Stufe der *coniunctio*, der Vereinigung des ganzheitlichen Menschen mit dem *unus mundus*, dem *mundus archetypus* der *potentiellen Welt des ersten Schöpfungstages* (JUNG 1990, 312), raunt, den er im Anschluss an den Alchemisten Gerhard DORNEUS diskutiert. Das Symbol des Himmels, *caelum*, verdeutlicht als *medicina universalis* diese *symbolische Antizipation des Selbst*, in dem sich der Makrokosmos und der Mikrokosmos Mensch, der *kleine Himmel*, vereint finden. Unter der Vielzahl der Synonyme des *caelum* findet sich dabei auch dasjenige vom *lebenden Stein*, der *ein Pneuma* (ebd. 317) hat.

Davon ist jemand weit entfernt, der Zeilen wie diese schreibt: *Manchmal wird dieser Genius dunkel und versinkt in den bitteren Brunnen seines Herzens*, ein Satz, den Paul CELAN in seiner Ausgabe der Biographie HÖLDERLINS unterstreicht, um sich anschließend in die Seine zu stürzen. Oder ein anderes Beispiel, es stammt vom Dichter William COWPER, kurz nach einem Suizidversuch: *Umgeben von tausend Gefahren / müde, kraftlos, vor tausend Schrecken zitternd / bin ich (...) in einem Sarg aus Fleisch / bei lebendigem Leib begraben* (aus: REDFIELD JAMISON 2000, 15). Es fällt nicht schwer, hier an die von Uranos in Gaias Leib eingeschlossenen Kinder zu denken, an all die klaustrophoben Ängste, somatischen Beschwerden und Missempfindungen, an all die seelischen Schmerzen – allesamt Ausdruck des Verschlungen- und Gefangenseins im Phantasma vom negativen elterlichen Uroboros, bei dem die Eltern sich gegenseitig verschlingen, konsumieren und sich voneinander nähren – ein Zerrbild der im *Hieros Gamos* liebevoll vereinten wie differenzierten Eltern. Plakativ und auf unser Thema bezogen heißt das: Gedanken fressen Gefühle, Gefühle fressen Gedanken – das Nichts das Sein und dieses wieder das Nichts. Und mitten drin ein zitterndes, lebendig begrabenes Drittes. Ohne transzendierendes Moment gibt es hier kein Entkommen: Der Teufelskreis (Missempfindungen – ängstliche Bewertungen, Beobachtung und Erwartungshaltungen – weitere emotionale Labilisierung) ist geschlossen, der Uroboros der Depression kreist unaufhaltsam in sich selbst weiter.

Was könnte im Einzelfall – außer einer manchmal vielleicht wirklich angebrachten, Erleichterung verschaffenden Medikation – helfen? Erinnern wir uns an die Aussage von vorhin, dass *negative* Elternbilder die Aufforderung darstellen können, entsprechend *positive Haltungen* zu entwickeln. Michael BALINT, dem auch der Ausspruch nachgesagt wird, dass das, wovor wir uns am meisten fürchten, unsere Gedanken und Gefühle sind, hat einmal *Halten* als *Urform der Liebe* bezeichnet – und diese Empfehlung möchte ich aufgreifen. Wir wollen immer davonlaufen – doch wohin sollen wir vor uns selbst davonlaufen können? Also können wir eigentlich dort, wo wir uns gerade befinden, ausharren und uns dem so Bedrohlichen zuwenden. Es geht hier um das Entwickeln einer positiven Mütterlichkeit, um die Verbindung mit dem gespürten Erleben, mit den Gefühlen und Empfindungen, ohne davor entsetzt zurückzuschrecken und ohne diese zu bewerten oder negative oder überbesorgte Gedanken zu spinnen – nur *halten*, bedingungslos halten und im somatisch-emotionalen Selbst zentriert bleiben, was zugleich eine Schule der Aufmerksamkeit, des Mutes und des Willens bedeutet, aber auch eine heroische Tat, bei der in gewisser Weise die durchtrennende Gründungsgewalt von KRONOS wiederholt wird und positive Gestalt gewinnt: dadurch, dass sämtliche Bewertungen und Gedanken verschluckt und eben nicht benannt werden. Das Verschlingen der Gedanken wird so zur Möglichkeit eines positiv zu verstehenden Verdauens. Dieses zu entwickelnde *Halten* impliziert aber auch eine gesunde Distanz (eine Mutter, die nicht mit ihrem Kind verschmilzt): Sich in den eigenen Emotionen und Empfindungen zu verlieren und zu diesem Schmerz oder dieser Traurigkeit oder Angst zu werden, ist etwas anderes als sie zur Kenntnis zu nehmen und in bewusster Aufmerksamkeit zu halten. Im Halten steckt zudem noch mehr als eine positive Form von Mütterlichkeit: Das Halten ist nämlich zugleich ein *Freigeben*, also genau dasjenige positiv-väterliche Element, das Uranos seinen Kindern angeblich verwehrte, als er sie in Gaias Leib eingeschlossen hielt. Mit etwas Glück kann also der Teufelskreis von einander wechselseitig aufschaukelnden Empfindungen, Gefühlen, Gedanken und Phantasien – der alte Konflikt der Ureltern in der destruktiven Urszene – unterbrochen werden und ein freierer *Himmel* kann sich auftun[42].

42 Dazu eine Amplifikation aus dem tibetischen *Kum Nye,* einer Meditationsform, die die Aufmerksamkeit auf Gefühlen und Empfindungen ruhen lässt, bis sie als reine – zugleich ausströmende und zentrierende – Energie erlebt werden: *Wir erkennen, dass sich unser lebender Organismus in nichts von einer Wolke unterscheidet, die sich zusammenballt und wieder auflöst. Wir erfahren unseren Körper nicht mehr als etwas Starres und Festes; wir erleben uns als Prozess unaufhörlicher Verkörperung, der sich in jedem Augenblick als physische Einheit manifestiert und die Fähigkeit besitzt, sich ständig zu erneuern. Sobald wir erkennen, dass der Körper keine physikalische Maschine ist, sondern die Verkörperung von Werten und Wirkungen, lernen wir eine*

Der zitierte *freiere Himmel* impliziert, dass *Raum* als Symbol und Erfahrungsdimension nicht nur bergend-mütterliche Qualitäten hat, sondern auch eröffnend-väterliche: Um wertfreies und annehmendes Halten zu ermöglichen, bedarf es z.B. auch des Durchhaltevermögens und der Einstellung, dies zu tun, bzw. auch des freien, durchsichtigen Blicks, der ein luftiges Medium voraussetzt. Wir können dazu vergleichen, dass *ouranos* unter anderem auch vom griechischen Wort für *sehen* hergeleitet wird – weil *die Luft durchsichtig ist und klar und rein zum Sehen* (Isidor von SEVILLA). Es bedarf also zusätzlich zum Halten auch der Bereitschaft, die Dynamik sich selbst entfalten zu lassen. Die Bereitschaft, die Dynamik sich frei entfalten zu lassen – seien es Körperwahrnehmungen, Gefühle, Gedanken oder Phantasien –, sie zu halten und freizulassen ist die primäre Haltung. Das gilt nicht nur für jene Betroffenen, die sich auf KRONOS wirklich einlassen wollen, sondern auch für uns Analytiker. Jede Deutung ist demgegenüber sekundär, ebenso jedes theoretische Konstrukt. Worauf es wirklich ankommt, ist das, was von FRANZ als *wichtigste Aufgabe der Gegenwart* bezeichnet: der Zugang von der Gefühlsseite, die Differenzierung der Gefühle: *Die westliche Zivilisation hat ... in ihrer Technologie extravertiertes Denken und Empfinden sowie in ihren theoretischen Forschungen das introvertierte Denken und Empfinden einseitig entwickelt. Die Intuition wurde zwar nicht unterdrückt, weil sie zur Entdeckung neuer kreativer Ideen gebraucht wird. Das Fühlen jedoch und die ganze Welt des Eros ist tatsächlich in einem jämmerlichen Zustand. Ich glaube sogar, dass zum gegenwärtigen Zeitpunkt alles davon abhängt, ob es uns gelingt, unser Fühlen und unseren sozialen Eros zu entwickeln oder nicht* (zit. nach SCHWEIZER 2000, 244).

Oft wird eine Art von *Gelassenheit* gegenüber den dunklen Seiten unserer Existenz als Quintessenz *saturnischer Weisheit* angedeutet, die sich in einem Annehmen von allem, einem Nicht-Einmischen gewissermaßen, ausdrückt, was vielleicht aber zu wenig ist, denn KRONOS, der kastrierend-kastrierte Titan, steht nicht nur für die Nachtseiten des Schöpferischen, sondern auch für dunkle, schwer zu ertragende Geheimnisse – für jenes z.B., dass er trotz seiner Macht nicht geliebt wurde. Menschenopfer wurden ihm dargebracht, das Blut getöteter Kinder, Sklaven und Könige sollte in den Kulten rund um den Erdball Fruchtbarkeit, Wachstum und Schöpfung gewährleisten. Und er, der erste Himmelsstürmer, wurde selbst zum Ziel aller Himmelsstürmer nach ihm – sei es in Wissenschaft, Technik oder Kunst. Er wurde freilich verfehlt und – dennoch irgendwie doch gestürzt. Der Himmel wurde dadurch genauso leer wie in HESIODS *Theogonie*. Die *Abwesenheit des Vaters* ist eine tiefere, als jener Bezug

---

Seinsweise kennen, die jenseits der üblichen Polarität von Sein und Nichtsein liegt (TARTHANG TULKU 1997, 23 f).

auf verlassene Familien oder der beklagte Niedergang der symbolischen Autorität erahnen lässt. Die Abwesenheit des *ganzen* Vaters ist eine totale, wie ich vorhin gezeigt habe, weil wir ihn nach wie vor spalten. Was hieße es also, mit der *Depressiven Position* in Bezug auf den Vater Ernst zu machen? Es hieße, sich mit KRONOS solidarisch zu erklären, trotz all seiner Widersprüchlichkeit, und so die Depression mit der Melancholie zu versöhnen. Er führt uns nämlich uns selbst vor Augen. Eine Geschichte erzählt, dass hinter der Erschaffung des Menschen ein Verbrechen stand: Die Titanen spielten mit dem kleinen Dionysos, zerstückelten und verzehrten ihn. Zeus rettete sein Herz und vertilgte die Titanen mit einem Blitz. Aus der Asche, aus der titanischen Erde, die den himmlischen Dionysos enthielt, wurde der Lehm, aus dem der Mensch geformt ist. Lehm für die *coagulatio*, für die Fleischwerdung, für den Himmelssturz. *Sublimiere den Körper, koaguliere den Geist*, hieß es bei den Alchemisten. Es ist vor allem die Einsicht in diesen Schatten, die koagulierend wirkt und uns zu Boden holt. Und dieser Schatten kündigt sich bereits im Urbild des Uroboros an, der auch ein Symbol für die *Assimilation und Integration des Gegensatzes, nämlich des Schattens* (JUNG 1990, 126), ist.

SATURN, der *Malefizstern*, wurde nicht von ungefähr mit der coagulatio gleichgesetzt, das deutet auch sein Metall, das Blei, an: *Saturnus, der kalte, scharfe und strenge, herbe Regent nimmt seinen Anfang und Herkommen nicht von der Sonne: denn er hat in seiner Gewalt die Kammer des Todes, und ist ein Vertrockner aller Kräfte, davon die Leiblichkeit entsteht. Gleichwohl die Sonne ist des Lebens Hertze, und ein Ursprung aller Geister in dem Leib dieser Welt, also ist Saturnus ein Anfänger aller Leiblichkeit ...* (J. BÖHME, zit. bei: EDINGER 1990, 117).

Damit komme ich zum letzten Teil dieser Arbeit, in dem es um die Aussöhnung der archetypischen Kerndynamik mit sich selbst, d.h. um die Aussöhnung des Depressiven an sich mit dem Melancholischen an sich, gehen wird. Diese kann nur dann erfolgreich sein, wenn auf der persönlichen Ebene der *ethische* Hintergrund nicht ausgeblendet wird, d.h. wenn die *Urszene* selbst ethisch und v.a. *triadisch* verstanden wird: Das *begehrende Subjekt*, dessen Begehren im Grunde nach dem Unendlichen geht, wird in einen *Raum* hineingeboren, der vom *Gesetz* strukturiert ist. Es muss sich also mit dem väterlichen Gesetz auseinander setzen und darf gleichzeitig nicht vergessen, dass es selbst nicht nur *in* einem mit anderen geteilten Seelenraum wohnt, sondern selbst auch so ein Raum *ist*, den es offen zu halten gilt, um sich und die anderen nicht endgültig in der einsamen Hölle einer Depression zu verlieren. Vielleicht kann uns ausgerechnet die so gefürchtete Melancholie zeigen, wie das vermieden werden kann. Dazu muss man sie zunächst einmal akzeptieren und sich von ihr auflösen lassen, um selbst zum *Raum* zu werden. Wie heißt es so schön in einer alten *Dzogchen-*

Erläuterung, die auf eine Tradition zurückgeht, die im Buddhismus nicht umsonst *Die Tiefen der Hölle ausleeren* genannt wird: *Wenn ihr euch müde, deprimiert und schwerfällig fühlt, akzeptiert eure Trägheit und schaut direkt in ihre Essenz, sobald sie entsteht. Wer ist es, der träge ist? ... Woher kommt sie? ... Wo ist sie jetzt? ... Wo geht sie hin? Eure Trägheit ist von Anfang an leer und nicht zu fassen. Lehnt eure Dummheit nicht ab! Sie ist das Gewahrsein der Weite des Raumes* (SHABKAR zit. nach: DOWMAN 1994, 117).

7. Participation éthique: der unus mundus als heiliger Rest

Wir haben bereits erörtert, dass die *Trauerarbeit* auf einer prinzipiellen Austauschbarkeit von Objekten beruht. Trauer ist eine Art Betrug, eine zweite Tötung oder Aufhebung des verlorenen Objektes durch die Symbolisierung seines Verlustes respektive *des* Verlustes überhaupt. Diesem widersetzt sich jedoch die Melancholie, um sich freilich radikal an die Geste des Verlustes zu binden. Ab diesem Zeitpunkt kann dem Melancholiker im klassischen Verständnis kein anderes endliches Objekt mehr genügen – denn er behandelt jedes Objekt so, als wäre es bereits verloren: ein *Spektakel des exzessiven Trauerns um ein Objekt, bevor dieses Objekt verlorengegangen ist* (ZIZEK 2000, 142). Die Melancholie bietet das Paradoxon einer Absicht zu trauern, die dem Verlust des Objektes vorausgeht. Darin bringt sie *die metaphysische Sehnsucht nach einer anderen absoluten Realität jenseits unserer gewöhnlichen, dem zeitlichen Verfall unterworfenen zum Ausdruck* (AGAMBEN, zit. ebd. 140). Insofern die Melancholie einem durch Trauerarbeit nicht bewältigbarem Rest die Treue hält, ist es berechtigt, von ihrem *ethischen Primat* zu sprechen. Die Melancholie steht Lacanianern wie Michael TURNHEIM (1999) oder Slavoj ZIZEK zufolge für die *Präsenz* eines Objekts, das nicht (mehr) begehrt[43] wird, und ermöglicht infolgedessen einen Blick auf das von keiner Objektivation einzuholende *ethische Ding*, das der Nebenmensch in seiner abgründigen Andersheit ist. Melancholie sei eine Art, auf der irreduziblen Andersheit[44] zu beharren. Grübeln etwa eröffnet, was nor-

43 Das bezieht sich auf LACANS Unterscheidung zwischen *Objekt* (= das begehrte Objekt) und der *Objektursache des Begehrens* (das Merkmal, aufgrund dessen das begehrte Objekt begehrt wird); d.h. der Melancholiker besitzt das Objekt vielleicht noch, aber begehrt es nicht mehr, weil die Objektursache aus Enttäuschung weggefallen ist.

44 Dabei versuchte das künftige melancholische Subjekt diese Andersheit zu verschleiern, dem Rätsel des Begehrens des Anderen auszuweichen – doch dies wird nach dem Verlust zum Bumerang: Eben weil der Melancholiker den anderen auf kalkulierbare Zeichen reduzierte, steht er der durch den Verlust folgenden aufgedeckten Alterität hilflos gegenüber; nur durch *Subjektivierung des Mangels* kann die melancholisch-narzisstische Objektwahl verhindert werden, die die Position *Du bist das, was mir fehlt* verkehrt zu *Ich bin das, was dir fehlt* (LACANS Definition der Liebe). Dem Anderen kann jedoch nicht gegeben werden, was ihm fehlt, weil man nie mit Sicherheit weiß, was er will; die Begegnung mit ihm ist nicht kalkulierbar, eher ein Wagnis, ein unvorhersehbares Ereignis. Das, was den Melancholiker quält, das unab-

male Trauer verschleiert: dass der Andere nicht nur das war, als das er uns aktualiter und als Objekt begegnete, sondern dass er etwas ist, das von keiner Vorstellung eingeholt werden kann. FREUD habe in der Unterscheidung Trauer/Melancholie die Dimension der an die Alterität gebundenen Unersetzbarkeit verkannt, dabei schreibt er 1929 selbst in einem Brief an BINSWANGER (nach dem Tod von dessen ältestem Sohn): *Man weiß, dass die akute Trauer nach einem Verlust ablaufen wird, aber man wird ungetröstet bleiben, nie einen Ersatz finden.* Melancholie zeige ebendiesen Rest, der der Repräsentation für immer entgeht; der Melancholiker hat mit der Alterität zu tun, mit dem, was uns immer schon beunruhigt hat, fremd war, aber auch mit dem, wofür wir nie einen Ersatz finden können.

Es geht also um die *metaphysische Sehnsucht nach einer anderen absoluten Realität jenseits unserer gewöhnlichen, dem zeitlichen Verfall unterworfenen* (ZIZEK 2000, 140) und um die *Präsenz* von etwas, das nicht mehr begehrtes Objekt ist, sondern jenes *Ding*, das in der Würde seiner selbst *gelassen* wird. Die Wichtigkeit der Durchquerung der Phantasmen, die uns an den anderen als Objekt binden bis in die *Nacht der Welt* (HEGEL), bis zum absoluten Nullpunkt unserer Existenz und bis zur *Kehrseite* des cartesianischen *cogito*, sowie die Achtung der Alterität des anderen, verdienen gewürdigt zu werden. Doch wollen wir es dabei belassen? Sollen wir uns damit zufrieden geben, dass der andere, der Mitmensch und das Subjekt letztlich unbezogene *Leerstellen im Realen* sind (das *Reale* i.S. des nicht symbolisier- oder imaginierbaren Unfassbaren unserer Existenz)? Jede Beziehung wäre sofort wieder Ausdruck einer erneuten *imaginären* Verkennung des anderen und somit wieder defizitär. Ist der Punkt, hinter den nicht weiter zurückgegangen werden kann, tatsächlich die *Verlassenheit des weltlosen Subjekts* (WALTZ, in: GONDEK et al. 2001, 121)? Ist nicht gerade KRONOS, der kollektive *Große Vater*, das *Paradigma dieser Verlassenheit*?

Vielleicht ist die Sehnsucht, die sich in seiner Melancholie kundtut, nicht bloß metaphysisch, sondern darüber hinausgehend, also eigentlich *meta*-metaphysisch, vielleicht ist sie Ausdruck eines *spirituellen Instinkts* (ZEHENTBAUER). Denn das, was man der Melancholie als verweigerter Trauer vorwirft, ist vielleicht die radikalste Konsequenz von KRONOS' Urgeste – die Auflehnung gegen das Gesetz von Sein und Nichts, das er selbst ins Leben gerufen respektive aus seiner Notlage heraus bestätigt hat: ein In-Schwebe-Halten des gesamten

sorbierbare Andere, ist zugleich das, was ihn uns unersetzlich erscheinen lässt. Trauer muss zu diesem Jenseits des Erinnerbaren, zum Andenken der Alterität vorstoßen. Unterschieden wird dabei zwischen *imaginärer* Trauer, die am Bild festhält, es szenisch-phantasmatisch gegen sein Verblassen im Gedächtnis konserviert, und der *symbolischen* Trauer, die *das Verlorene als Verlorenes sein lässt – als Ding in der Würde seiner selbst* (GONDEK/WIDMER 1994, 161).

metaphysischen Horizontes von Sein und Nichts, ein Verharren zwischen dem *Realen* und dem symbolischen Universum und damit in einer Art *Bardo*, aus dem vielleicht eine gewandelte Welt geboren werden könnte, die sich nicht mehr in der Wiederholung des Depressiv-Uroborischen erschöpft. Diese Auflehnung der Melancholie gegen ihre eigene depressive Dunkelheit, die wie eine Geste der hybris anmutet, hält damit gewissermaßen einem Ganzheitserlebnis die Treue, in dem ein *Etwas* ganz und heil erscheinen kann. Die Einsicht in die Unvermeidbarkeit der Destruktivität des eigenen *Begehrens* angesichts dieses *Etwas* fordert – erinnern wir uns an das kleinsche Paradigma der *Depressiven Position* – die Übernahme von Verantwortung und die dazu nötige Demut vor der Verletzbarkeit des anderen, die – *im Innersten meiner selbst*, in jener *Leere, von der ich nicht mehr weiß, ob sie mir oder niemandem gehört* (LACAN 1996, 239) – der je eigenen entspricht. Genau dadurch kündigt sich, wie ich meine, ein *Skrupel* oder eine *Verhaltenheit* gegenüber dem an, was geborgen, unberührt und heil bleiben soll. Den anderen zu lieben heißt, *mich notwendig auf* (eine, Anm. GB) *Grausamkeit zuzubewegen*, da der andere als Nächster *all die Bösartigkeit hat*, die *keine andere ist als die, vor der ich in mir selbst zurückweiche* (ebd. 240). Die Melancholie belehrt uns also genau darüber: Sie hält einem *Etwas* die Treue, selbst wenn dieses *Etwas* bedroht oder bereits verloren oder zerstört ist – ja, selbst um den Preis des eigenen Lebens. Doch sie macht gewissermaßen nur eine Tür auf, ohne selbst ganz durchgehen zu können, denn meist bleibt sie im depressiven Uroboros stecken. Der Durchgang durch diese Tür, der uns dem Verständnis des geheimen telos der Depression nahe bringt, ist zunächst vom Therapeuten zu leisten – nicht zuletzt deshalb, um seinen depressiven KlientInnen das zurückzuerstatten, was diese ihm anvertraut haben: ein *Etwas*, das eigentlich eine gewandelte Welt, nämlich den *unus mundus*, meint. Das heißt: Der Therapeut muss die konzeptuelle Spaltung zwischen Depression und Melancholie aufheben, um mithelfen zu können, das Uroborisch-Depressive mit der eigentlichen Transzendenz des Melancholischen zu versöhnen.

Damit komme ich zum Schluss meiner Arbeit, in der wir uns – einseitige Objektausrichtungen zurücklassend – über Melanie KLEINS Theorem der *Depressiven Position* und LACANS *Ding* einem *Etwas* angenähert haben, das man von jungscher Seite her als den *heiligen Rest* einer gewandelten Welt verstehen kann. Jacques LACAN hat Melanie KLEIN – und auch C.G. JUNG – vorgeworfen, an einer imaginären und illusionären Schließung eines grundsätzlich nicht behebbaren *Mangels* festzuhalten. Für ihn vertritt KLEINS *mythischer Körper der Mutter* (LACAN 1996, 130) den *zentralen Platz* dessen, was er das *Ding* nennt: das nicht symbolisier- und imaginierbare *Andere* des menschlichen Gegenübers, jene *heilige Leere* (ebd. 167) und *erste Setzung* (ebd. 89), um die herum sich unsere gesamte lebensweltliche Ordnung als neurotische *Abwehr* (ebd.

71) organisiert. Jede Objektivation – und damit auch jedes Phantasma – verfehlt dieses *Andere* und grundsätzlich fremd Bleibende radikal. Die Interpretation dieses *Rests* i.S. der Alterität des *Dings* greift jedoch zu kurz und ich meine, dass gerade der ablehnende Verweis LACANS auf Melanie KLEIN einen möglichen Ansatz dafür bietet, uns dem anzunähern, worum es in der Melancholie eigentlich geht: um den Bezug auf eine *gemeinsame Welt*, um eine *participation éthique*. Und dieser Bezug ist ohne die Bilderwelt der Seele nicht möglich. Dies lässt sich gerade bei LACAN insofern zeigen, als er bezüglich des *Dings* meint, dass es das *Menschliche definiert – obschon es gerade dieses Menschliche ist, das uns entgleitet* (ebd. 154). Vom Menschen können wir uns unmöglich ein *Bild* machen – und dennoch formt und schafft der Mensch seine Gegenstände und sich selbst *nach dem Bild des Dings* (ebd. 155). *Ding* und Mensch sind also austauschbar, und jenseits ihrer imaginären Verkennung sind es auch das Subjekt und der andere: Bei LACAN bezeichnet das *Ichselbstigste von Ich selbst*, das *Selbst*, das, *was im Innersten meiner selbst ist und über mich hinaus, insofern das Ich auf der Ebene dieser Wände aufhört, auf welche man ein Schildchen tun kann* (ebd. 239).[45]

Auf den ersten Blick sieht es nun so aus, dass LACAN jede mögliche (imaginäre) Versöhnung zwischen dem Subjekt und dem anderen sowie jede mögliche Analogie zwischen Psyche und Welt zurückweist: *Es ist klar, dass die Libido in ihrem paradoxen, archaischen, so genannt prägenitalen Charakter, in ihrem ewigen Polymorphismus, mit dieser Welt von Bildern, wie sie mit den Triebarten der verschiedenen Phasen, oraler, analer und genitaler, verbunden sind ..., dass dieser ganze Mikrokosmos absolut nichts mit dem Makrokosmos zu tun hat und also eine Welt allein in der Phantasie erzeugt. Das ist die Lehre Freuds, im Gegensatz zum Weg, auf den ihn ein bestimmter seiner Schüler, Jung, um ihn zu nennen, zu bringen versucht – Gabelungspunkt der Freudschen Gruppe, der gegen 1910 anzusetzen ist. Das ist wichtig, besonders in einem Augenblick, da es vollkommen klar ist, dass weder Phallus noch Anusring in irgendeiner Weise am Sternengewölbe zu suchen sind, wenn anders man sie je dort angesiedelt hat – sie sind endgültig daraus vertrieben. Während langer Zeit, sogar im szientifi-*

45 *Genau das ist die Verwendung meines Sophismas, und es erinnert mich daran, dass der Nächste all die Bösartigkeit hat, von der Freud spricht, dass diese Bösartigkeit aber keine andere ist als die, vor der ich in mir selbst zurückweiche. Ihn zu lieben, ihn zu lieben als ein Ichselbst, heißt gleichzeitig, mich notwendig auf irgendeine Grausamkeit zuzubewegen. Seine oder meine? werden Sie mir entgegenhalten – dabei habe ich Ihnen gerade erklärt, dass nichts sagt, dass sie unterschieden wären. Vielmehr scheint es, dass es dieselbe ist, vorausgesetzt, die Grenzen werden überschritten, die mich veranlassen, mich dem anderen gegenüberzustellen als meinem Ebenbild* (ebd. 239 f).

schen Denken, haben Menschen kosmologische Projektionen bewohnen können. Es hat lange Zeit eine Weltseele gegeben, und das Denken konnte sich lange in einem tiefen Verhältnis unserer Bilder zu der uns umgebenden Welt wiegen. Offenbar bemerkt man nicht, wie wichtig der Punkt ist, dass die Freudsche Forschung die ganze Welt in uns hat zurückkehren lassen, sie endgültig an ihren Platz gestellt hat, das heißt in unseren Körper und nirgendwo sonst hin. Ich werde mir erlauben, Sie bei dieser Gelegenheit daran zu erinnern, bis zu welchem Punkt das wissenschaftliche Denken und das theologische Denken in der der Befreiung des modernen Menschen unmittelbar vorausgehenden Periode mit etwas beschäftigt sein konnten, worüber zu sprechen Freud nicht zögerte, es auch bei seinem Namen genannt hat, worüber man aber niemals mehr spricht, über den nämlich, der lange als Fürst dieser Welt bezeichnet wurde – Diabolus. Symbolisches wird hier komplettiert durch das Diabolische (ebd. 114 f).

LACAN weist also einerseits das Imaginäre, Bildhafte als illusionäre Täuschung zurück, wobei er, einem mächtigen Strom judäo-christlicher Tradition folgend, Front gegen die vermutete Allianz des Teufels mit der Welt der Phantasie bezieht. Ebendiese Kampfansage an alle imaginären Verführungen dient dazu, eine grundsätzliche *Bindungslosigkeit* (ebd.) des Menschen zum Ausdruck zu bringen. Doch erinnern wir uns: War nicht ebendieser Teufel – so wie KRONOS – der erste Ausgeschlossene von der göttlichen Liebe und damit auch der erste Depressive? LACAN gesteht nun aber andererseits vor allem der bildenden Kunst[46] zu, das wieder auftauchen zu lassen, das *genau da wäre, wo man nicht mehr weiter kann – eigentlich gesagt, nirgendwo* (ebd. 168). Damit meint er jenes *Etwas, dessen Subsistenz sich im Charakter eines jenseitigen Heiligen darstellt* (ebd. 172) – kurz gesagt: das *Ding*, das just in der Dimension (wieder) auftaucht, in der die *Täuschung* (ebd. 174) über die Künstlichkeit des Objekts aufgehoben ist. Es ist *so gut wie unmöglich*, so LACAN weiter, *dass uns diese Bilder nicht fesseln als Bilder, die zugleich auf das Tiefste in einem engen Verhältnis zur Welt stehen* (ebd.). Damit gesteht er also indirekt ein, dass es *bei aller Distanznahme zum Bild, nicht um eine Überwindung des Imaginären als solchem* (vgl. GONDEK/WIDMER 1994, 162) gehen kann. Der Kreis schließt sich hier gewissermaßen und wir können uns der zuvor entwerteten Bilderwelt zuwenden, um noch einen letzten Schritt zu unternehmen. Bei LACAN reduzieren sich Subjekt und *Ding* nämlich letztlich darauf, *Leerstellen im Realen* zu sein: Wir sind nicht mehr als der *Abfall, der aus dem Hintern des Teufels auf die Welt*

46 Als Beispiele nennt LACAN CÉZANNES *Äpfel* oder HOLBEINS *Die Gesandten*, zu deren Füßen im Bild ein rätselhaftes Gebilde auftaucht, das entfernt an Spiegeleier erinnert, sich aus einem bestimmten Blickwinkel heraus jedoch als Totenschädel entpuppt (ebd. 166).

fällt (ebd. 115), wie LACAN mit LUTHER äußert, um die besagte *Bindungslosigkeit* nach dem *Sturz in eine Welt, in der wir verlassen sind* (ebd.), zum Ausdruck zu bringen.

Befinden wir uns damit im Grunde genommen nicht wieder in einem quasicartesianischen Universum, nur dass wir jetzt nicht mit *Objekten* zu tun haben, sondern mit quasi-solipsistischen *Dingen*, die in ihrer Alterität *gelassen* und d.h. für mich auch *verlassen* bleiben? Wollen wir den anderen tatsächlich am Altar der Verlassenheit preisgeben? Sind die Menschen tatsächlich nicht *mehr* als der *weltlose* (HEIDEGGER) *Abfall, der aus dem Hintern des Teufels* gefallen sein soll? Ausgerechnet aus dem Hintern des ersten Ausgeschlossenen, dem wir bereits im Zusammenhang mit dem *Vater* als *Paradigma der Verlassenheit* begegnet sind? Gerade von der verpönten jungschen Seite her, der vorgeworfen wird, die cartesianische *Moderne* und die *Aufklärung* verschlafen zu haben und einem romantischen Obskurantismus zu huldigen, könnte man eben hier auf eine andere *ethische* Perspektive, auf den *Menschheitszusammenhang im Selbst*, und auf den bereits zitierten *unus mundus* – hier verstanden i. S. einer *ethischen Einheitswirklichkeit* – aufmerksam machen. Dazu ist es jedoch nötig, die Seele nicht im Körper einzuschließen, sondern das psychohistorische Blickfeld zu erweitern: Nicht die Seele oder Psyche ist in *uns*, sondern *wir* sind *in* der Seele (*esse in anima*), wobei ich *Seele* durchaus im jungschen Sinn als *Inbegriff von Beziehung* verstehen möchte. Das Ich wird in ebendiesen Seelenraum hineingeboren und ist selbst so ein Raum, den es für andere offen zu halten hat.

Wir befinden uns hier nicht nur an der Schnittstelle zur Ethik (deren ursprüngliche Wortbedeutung übrigens eng mit dem Wort *wohnen* zu tun hat), sondern auch an der Schnittstelle zum Religiösen und zum *Heiligen*, und Ausdrücke wie *Skrupel* oder *Verhaltenheit* markierten bereits dieses eine entscheidende Innehalten. Vielleicht bilden Begriffe wie *Skrupel* und *Verhaltenheit* tatsächlich – wie DERRIDA meint – eine *Art Universalie, eine Art Allgemeinheit – nicht die der Religion, sondern die einer Struktur der Religiosität* (DERRIDA 2001, 82)[47]. Ich möchte hier die diversen miteinander konkurrierenden Etymo-

---

47 (D)*as Leben hat nur dadurch einen absoluten Wert, dass es mehr wert ist als das Leben. Nur dadurch, dass es um das Leben trauert und in unendlicher Trauerarbeit ... zu dem wird, was es ist. Das Leben ist sakral, heilig, unendlich achtungswürdig einzig im Namen dessen, was in ihm mehr wert ist als es selbst und sich nicht auf die Natürlichkeit des Biozoologischen beschränkt, das man opfern kann ... Wie sich zeigt, betrifft die Achtung vor dem Leben ... allein das menschliche Leben, das ... die unendliche Transzendenz bezeugt, die dem, was mehr wert ist als es selbst, eignet ... Es ist genau der Überschuss, der über das Lebendige hinausführt ... es ist genau dieser Überschuss, der den Bereich des Todes eröffnet ... Diese gegen sich selbst wendende Bezeugung hält die auto-immune Gemeinschaft am Leben, will sagen: auf ein anderes hin offen, das mehr ist als es selbst – die Öffnung zum anderen, zur Zukunft, zum Tod,*

logien des Wortes *Religion* nicht extra strapazieren. Verweisen möchte ich jedoch auf zweierlei: erstens auf Religion als *Verhalten aus Betroffenheit (von Göttlichem)*[48] und zweitens auf Religion als das *wirkliche Gewahrwerden der Wirklichkeit*[49]. Religion meint hier jenes Ganzheitserleben, jene ambivalente Erfahrung der Sakralität der conditio humana, die auch in der Polysemie des Wortes *heilig* (*sacer – erhaben* und *verflucht*) aufblitzt. Gerade der Melancholiker trauert in verzehrender Sehnsucht um nichts weniger als um diesen *heiligen Rest* einer gemeinsamen und geretteten *Welt.*

Lässt das Zerbrechen am Verlust also nur den Depressionsuroboros, d.h. die negative Gestalt der Verlustüberwindung ahnen und erlebt der Melancholiker in der Abkapselung bloß seine Hass-Liebe unter dem Wiederholungszwang des Urverlustes? Hören wir dazu noch einmal Igor CARUSO: *In der Intention des Liebenden ... wird der Geliebte im Liebenden ganz er selbst ... kommt zur Entfaltung und personalen Einmaligkeit ... der (Geliebte) erlebt eine Epiphanie in der gemeinsamen Welt mit dem Liebenden. Der Liebende ist nicht nur ein Töter, im Gegenteil, er hebt sein eigenes Leben in dem des Geliebten auf.* Vielleicht sollte man präzisieren: Er hebt sein Leben in einer gemeinsamen Welt auf, in der Welt, in der der andere und auch er vorkommen können.

Das Paradigma dieser Welt hat uns KRONOS vor Augen geführt. Das Verständnis für diese Welt, für KRONOS′ Welt und für ihre inhärente Sehnsucht nach Wandlung und Versöhnung des Uroborisch-Depressiven mit dem Transzendent-Melancholischen, zeigt, dass das Phänomen Depression auf ein umfassenderes telos hin ausgerichtet sein könnte, als Begriffe wie *Objektverlust* oder *Trauerarbeit* oder auch das lacansche *Ding* erahnen lassen. Der Mythos von KRONOS zeigt uns dies eindrücklich und insofern wird vielleicht auch die JUNG so oft vorgeworfene Skepsis verständlich, dass Wissenschaft nie den *Mythos* ersetzen wird können, da uns Letzterer eine *Anschauung* bietet, welche *den Sinn menschlicher Existenz im Weltganzen* erklärt. Und nur dieser Sinn ist es, der – so JUNG – alles *ertragbar* macht.

Was ist nun, so möchte ich zuletzt fragen, der Sinn all der in der Einleitung genannten und hoffentlich in meinem Text wenigstens etwas erhellten Paradoxa, an die uns die *Dame in Schwarz* gemahnen möchte? JUNG zitiert im *Mysterium Coniunctionis* (1990, 292) den Alchemisten Abraham ELEAZER: *Meine Seele*

---

zur Freiheit, zum Kommen oder zur Liebe des anderen, zum Raum und zur Zeit einer geisterzeugenden Messianizität jenseits *allen Messianismus* (DERRIDA/VATTIMO 2001, 82 ff).

48 Vgl. SCHMITZ 1995, 11

49 Vgl. NISHITANI 1986, 44: *Wirkliches Gewahrwerden der Wirklichkeit meint hier: dass die Wirklichkeit, indem wir ihr gewahr werden, in diesem Gewahrwerden zu ihrer eigenen Verwirklichung kommt.*

und mein Geist verlassen mich, ein furchtbares Gift, werde ich dem schwarzen Raben verglichen; denn das ist der Lohn der Bosheit; in Staub und Erde liege ich, damit aus dreien Eines werde. O Seele und Geist verlasst mich nicht, dass ich wiederum das Tageslicht erblicke und aus mir jener Held des Friedens, den der ganze Erdkreis erblicken möge, aufgehe.

Literatur

ABRAHAM, K.: Versuch einer Entwicklungsgeschichte der Libido auf Grund der Psychoanalyse seelischer Störungen, in: Ders.: Gesammelte Schriften. Band II, Frankfurt 1982, 3-160

ABRAHAM, K.: Gesammelte Schriften. Band II, Frankfurt 1982

AGAMBEN, G.: Stanze; La parola e il fantasma nella cultura occidentale, Turin 1977

AGAMBEN, G.: Homo sacer. Die souveräne Macht und das nackte Leben, Frankfurt 2002

AMMANN et al. (Hg.): RISS. Zeitschrift für Psychoanalyse, Melancholie, 16. Jahrgang, Heft 50, Wien 20001/I

BAECKER, D. (Hg.): Kapitalismus als Religion, Berlin 2003

BATAILLE, G.: Theorie der Religion, München 1997

BATESON, G. und M.C.: Wo Engel zögern. Unterwegs zu einer Epistemologie des Heiligen, 1993

BAUMANN, G.: Zawinul. Ein Leben aus Jazz, Salzburg 2002

BENVENISTE, E.: Indoeuropäische Institutionen. Wortschatz, Geschichte, Funktionen, Frankfurt 1993

BOLLAS, Ch.: Der Schatten des Objekts. Das ungedachte Bekannte. Zur Psychoanalyse der frühen Entwicklung, Stuttgart 1997

BORCH-JACOBSEN, M.: Lacan. Der absolute Herr und Meister, München 1999

BOTT SPILLIUS, E. (Hg.): Melanie Klein Heute. Entwicklungen in Theorie und Praxis, Band 2 Anwendungen, Weinheim 1991

BOVENSIEPEN / SIDOLI (Hg.): Inzestphantasien und selbstdestruktives Handeln. Psychoanalytische Therapie von Jugendlichen, Frankfurt 1999

BROOKE, R.: Jung and Phenomenology, London 1991

BURDA, G.: Das Selbst der Verantwortung. Ein Beitrag zum ethischen Verständnis bei C.G. Jung, Wien 1998

BURDA, G.: Ethik im Schatten des Vaters. C.G. Jung, E. Neumann und das hysterische Begehren, in: Analytische Psychologie. Zeitschrift für Psychotherapie und Psychoanalyse, Heft 141, Frankfurt 2005/3

BURTON, R.: Anatomie der Melancholie, München 1991

BUTLER, J.: Das Unbehagen der Geschlechter, Frankfurt 1991

CARDENAL, E.: Das Buch von der Liebe, Wuppertal 1991

CARUSO, I. A.: Die Trennung der Liebenden. Eine Phänomenologie des Todes, Frankfurt 1986
COYNE, J.C. (Ed.): Essential Papers on Depression, New York 1987
COYNE, J.C.: Toward an Interactional Description of Depression, in: Ders. (Ed.): Essential Papers on Depression, New York 1987, 311-330
De CHARDIN, P. T.: Der Mensch im Kosmos, München 1994
DERRIDA / VATTIMO: Die Religion, Frankfurt 2001
DERRIDA, J.: Aufzeichnungen eines Blinden. Das Selbstporträt und andere Ruinen, München 1997
DEUTSCHMANN, Ch.: Die Verheißung absoluten Reichtums: Kapitalismus als Religion?, in: Baecker, D. (Hg.): Kapitalismus als Religion, Berlin 2003, 145-174
DEVEREUX, G.: Normal und Anormal. Aufsätze zur allgemeinen Ethnopsychiatrie, Frankfurt 1982
DIECKMANN, H.: Komplexe. Diagnostik und Therapie in der analytischen Psychologie, Berlin 1991
DOWMAN, K.: Der Flug des Garuda. Vier Dzogchen-Texte aus dem tibetischen Buddhismus, Zürich 1994
DUMÉZIL, G.: Mythos und Epos. Die Ideologie der drei Funktionen in den Epen der indoeuropäischen Völker, Frankfurt 1992
EDINGER, E.: Der Weg der Seele. Der psychotherapeutische Prozess im Spiegel der Alchemie, München 1991
EPSTEIN, M.: Gedanken ohne den Denker. Das Wechselspiel von Buddhismus und Psychotherapie, Frankfurt 1998
FÉDIER, F.: Die Spur des Heiligen, in: PÖLTNER, G. (Hg.): Auf der Spur des Heiligen. Heideggers Beitrag zur Gottesfrage, Wien 1991, 40-48
FENICHEL, O.: Perversionen, Psychosen, Charakterstörungen. Psychoanalytische spezielle Neurosenlehre, Darmstadt 1992
FÖLDÉNYI, L.: Der frühe Tod der Romantiker, in: WALTHER, L. (Hg.), Melancholie, Leipzig 1999, 143-163
FÖLDÉNYI, L.: Melancholie, München 1988
FRANKL, V.E.: Theorie und Therapie der Neurosen. Einführung in die Logotherapie und Existenzanalyse, München 1994
FREUD, S.: Das Unbehagen in der Kultur und andere kulturtheoretische Schriften, Frankfurt 1994
FREUD, S.: Totem und Tabu. Einige Übereinstimmungen im Seelenleben der Wilden und der Neurotiker, Frankfurt 1991
GIEGERICH, W.: Der Jungsche Begriff der Neurose, Frankfurt 1999
GILLIGAN, St. G.: Liebe dich selbst wie deinen Nächsten. Die Psychotherapie der Selbstbeziehung, Heidelberg 1999

GIRARD, R.: Ich sah den Satan vom Himmel fallen wie einen Blitz. Eine kritische Apologie des Christentums, Wien 2002
GONDEK / WIDMER (Hg.): Ethik und Psychoanalyse. Vom kategorischen Imperativ zum Gesetz des Begehrens: Kant und Lacan, Frankfurt 1994
GONDEK / HOFMANN / LOHMANN: Jacques Lacan. Wege zu seinem Werk, Stuttgart 2001
GRANT / HAZEL: Lexikon der antiken Mythen und Gestalten, München 1992
GRUNBERGER, B.: Vom Narzißmus zum Objekt, Frankfurt 1982
GRUNBERGER, B.: Studie über die Depression, in: Ders.: Vom Narzißmus zum Objekt, Frankfurt 1982, 245-268
GRUNBERGER, B.: Der Selbstmord des Melancholikers, in: Ders.: Vom Narzißmus zum Objekt, Frankfurt 1982, 269-294
GUARDINI, R.: Vom Sinn der Schwermut, Mainz 1983
HEGENER, W.: Zur Grammatik Psychischer Schrift. Systematische und historische Untersuchungen zum Schriftgedanken im Werk Sigmund Freuds, Berlin 1997
HEIDEGGER, M.: Vorträge und Aufsätze, Pfullingen 1978
HEIDEGGER, M.: Die Grundbegriffe der Metaphysik (GA Bd. 29/30), Frankfurt 1983
HELL, D.: Welchen Sinn macht Depression? Ein integrativer Ansatz, Hamburg 1999
HILLMAN, J.: Senex and Puer. An aspect of the historical and psychological present, in: Ders. (Hg.): Puer Papers, Dallas 1979, 3-53
HILLMAN, J. (Ed.): Puer Papers, Dallas 1979
HILLMAN, J.: Selbstmord und seelische Wandlung. Eine Auseinandersetzung, Zürich 1980
HÖHFELD / SCHLOSSER (Hg.): Psychoanalyse der Liebe, Gießen 1997
HOLZHEY-KUNZ, A.: Leiden am Dasein. Die Daseinsanalyse und die Aufgabe einer Hermeneutik psychopathologischer Phänomene, Wien 1994
JAFFÉ, A. (Hg.): Erinnerungen, Träume, Gedanken von C.G. Jung, Olten 1982
JUNG, C.G.: GW 5, Symbole der Wandlung, Analyse des Vorspiels zu einer Schizophrenie, Olten 1991
JUNG, C.G.: GW 8, Heros und Mutterarchetyp, Olten 1987
JUNG, C.G.: GW 10, Zivilisation im Übergang, Düsseldorf 1995
JUNG, C.G.: GW 14, Mysterium Coniunctionis. Zweiter Halbband, Olten 1990
KERÉNYI, K.: Die Mythologie der Griechen. Band I: Die Götter- und Menschheitsgeschichten, München 1992
KERNBERG, O.: Liebesbeziehungen. Normalität und Pathologie, Stuttgart 1998
KHAN, M.: Entfremdung bei Perversionen, Frankfurt 1989

KLEESPIES, W.: Licht am Ende des Tunnels. Vom Sinn der Depression, Krummwisch 2001
KLEIN, M.: Frühstadien des Ödipuskomplexes. Frühe Schriften 1928-1945, Frankfurt 1991
KLIBANSKY / PANOFSKY / SAXL: Saturn und Melancholie. Studien zur Geschichte der Naturphilosophie und Medizin, der Religion und der Kunst, Frankfurt 1992
KRAUS, A.: Spezifität melancholischer Verstimmung und Angst, in: LANG / FALLER (Hg.): Das Phänomen Angst. Pathologie, Genese, Therapie, Frankfurt 1996, 103-121
KRISTEVA, J.: Black Sun. Depression and Melancholia, New York 1989
KUIPER, P.C.: Seelenfinsternis. Die Depression eines Psychiaters, Frankfurt 1995
LACAN, J.: Die Psychosen. Das Seminar Buch III, Weinheim 1997
LACAN, J.: Die Ethik der Psychoanalyse. Das Seminar Buch VII, Weinheim 1996
LACAN, J.: Encore. Das Seminar Buch XX, Weinheim 1991
LACAN, J.: Die Objektbeziehung. Das Seminar Buch IV, Wien 2004
LANG / FALLER (Hg.): Das Phänomen Angst. Pathologie, Genese und Therapie, Frankfurt 1996
LÜTHI, K.: Chancen und Grenzen oraler Religiosität, in: LÜTHI / MICSKEY(Hg.): Theologie im Dialog mit Freud und seiner Wirkungsgeschichte, Wien 1991, 87-113
LÜTKEHAUS, L.: Nichts. Abschied vom Sein, Ende der Angst, Zürich 1999
MAYS, J.B.: In den Fängen der schwarzen Hunde. Mein Leben mit der Depression, München 1999
MENTZOS, St.: Depression und Manie. Psychodynamik und Therapie affektiver Störungen, Göttingen 1995
MILKOWSKI, B.: Jaco. The extraordinary life of Jaco Pastorius „The world´s greatest bass player“, San Francisco 1995
NISHITANI, K.: Was ist Religion?, Frankfurt 1986
NEUMANN, E.: Das Kind. Struktur und Dynamik der werdenden Persönlichkeit, Fellbach 1990
PANNIKAR, R.: Gottes Schweigen. Die Antwort des Buddha für unsere Zeit, München 1992
PANOFSKY, E.: Die Kulmination des Kupferstiches: Albrecht Dürers „Melencolia I“, in: WALTHER (Hg.): Melancholie, Leipzig 1999, 86-106
PÖLTNER, G. (Hg.): Auf der Spur des Heiligen. Heideggers Beitrag zur Gottesfrage, Wien 1991

REDFIELD JAMISON, K.: Wenn es dunkel wird. Zum Verständnis des Selbstmordes, Berlin 2000
RIBI, A.: Neurose und Lebenssinn. Die Neurosen aus der Sicht C.G. Jungs, Küsnacht 2002
RIEMANN, F.: Grundformen der Angst. Eine tiefenpsychologische Studie, München 1991
ROSENFELD, H.A.: Zur Psychoanalyse psychotischer Zustände, Frankfurt 1989
RUHS, A.: Der Vorhang des Parrhasios. Schriften zur Kulturtheorie der Psychoanalyse, Wien 2003
RUHS, A.: Triebquelle Auge / Triebobjekt Blick, in: Ders.: Der Vorhang des Parrhasios. Schriften zur Kulturtheorie der Psychoanalyse, Wien 2003, 165-190
SAMUELS, A.: Die Vielgestaltigkeit der Seele. Von der Notwendigkeit innerer Demokratisierung, Zürich 1994
SANTILLIANA / von DECHEND: Hamlets Mühle. Ein Essay über Mythos und das Gerüst der Zeit, Wien 1994
SCHMITZ, H.: Der Leib, der Raum und die Gefühle, Stuttgart 1998
SCHMITZ, H.: System der Philosophie III (Bd. IV). Das Göttliche und der Raum, Bonn 1995
SCHWEIZER, A.: Der erschreckende Gott. Tiefenpsychologische Wege zu einem ganzheitlichen Gottesbild, München 2000
SLOTERDIJK, P.: Sphären I. Blasen, Frankfurt 1998
SLOTERDIJK, P.: Sphären II. Globen, Frankfurt 1999
SLOTERDIJK, P.: Nicht gerettet. Versuche nach Heidegger, Wien 2001
SOLOMON, A.: Saturns Schatten. Die dunklen Welten der Depression, Frankfurt 2001
STEINER, G.: Grammatik der Schöpfung, München 2001
TARTHANG TULKU: Selbstheilung durch Entspannung, Bern/München 1997
THEUNISSEN, M.: Vorentwürfe von Moderne. Antike Melancholie und die Acedia des Mittelalters, Frankfurt 1996
TURNHEIM, M.: Das Andere im Gleichen. Über Trauer, Witz und Politik, Stuttgart 1999
TURNHEIM, M.: Die Gewalt der Psychoanalyse (ist „geringere Gewalt“ möglich ?), in: AMMANN et al (Hg.), Wien 2001, 95-119
VOLK et al.: Depressive Störungen. Diagnostik, Ursachen Psycho- und Pharmakotherapie, Stuttgart 1998
Von FRANZ, M.-L.: Zeit. Strömen und Stille, München 1992
WALKER, A.: Die Melancholie der Philosophie, Wien 2002
WALTHER, L. (Hg.): Melancholie, Leipzig 1999

WALTHER, L.: Bete und arbeite! – Die pragmatische Überwindung der Melancholie bei William James, in: Ders. (Hg.): Melancholie, Leipzig 1999, 164-186

WALTZ, M.: Ethik der Welt – Ethik des Realen, in: GONDEK et al., Jacques Lacan. Wege zu seinem Werk, Stuttgart 2001, 97-129

WEINREB, F.: Kabbala im Traumleben des Menschen, Weiler im Allgäu 2000

WILBER, K.: Das Wahre, Schöne, Gute. Geist und Kultur im 3. Jahrtausend, Frankfurt 1999

WUCHERER, A.K.: Ursprüngliche Erfahrung und personales Sein, Wien 1994

WUCHERER, A.K.: Schwierigkeiten mit der narzisstischen Selbstliebe in Freuds Metapsychologie, in: LÜTHI / MICSKEY (Hg.): Theologie im Dialog mit Freud und seiner Wirkungsgeschichte, Wien 1991, 129-167

WURMSER, L.: Die Maske der Scham. Die Psychoanalyse von Schamaffekten und Schamkonflikten, Berlin 1993

ZEHENTBAUER, J.: Melancholie. Die traurige Leichtigkeit des Seins, Stuttgart 2001

ZIEGLER / SONTHEIMER (Hg.): Der kleine Pauly. Lexikon der Antike, München 1979

ZIZEK, S.: Das fragile Absolute. Warum es sich lohnt, das christliche Erbe zu verteidigen, Berlin 2000

ZIZEK, S.: Liebe deinen Nächsten? Nein, Danke! Die Sackgasse des Sozialen in der Postmoderne, Berlin 1999

ZIZEK, S.: Die Puppe und der Zwerg. Das Christentum zwischen Perversion und Subversion, Frankfurt 2003